이서윤쌤의

초등 한자 어휘

끝내기

3단계

한자 선정 및 어휘 풀이 정리 기준

1. 교육부 지정 기초 한자 중 초등 교과 이해에 도움이 되는 한자 선정
2. 초등 교과서에 수록되는 어휘 중 사용 빈도, 조어력이 높은 어휘 위주로 선정
3. 어휘의 뜻이 여러 개일 경우, 초등 교과서에서 자주 사용하는 뜻으로 풀이
4. 어휘의 뜻풀이에서 한자의 의미가 직접 드러나지 않을 경우, 한자와 연관된 풀이로 제시
5. 맞춤법과 띄어쓰기는 국립국어원에서 펴낸《표준국어대사전》을 기준으로 삼되, 초등 교과서 표기 기준

이서윤쌤의

초등 한자 어휘
끝내기 3단계

발행일	2024년 2월 2일
펴낸곳	메가스터디(주)
펴낸이	손은진
개발 책임	김문주
개발	김숙영, 민고은, 서은영
글	이서윤
그림	강홍주
디자인	이정숙, 윤재경
마케팅	엄재욱, 김상민
제작	이성재, 장병미
주소	서울시 서초구 효령로 304(서초동) 국제전자센터 24층
대표전화	1661-5431
홈페이지	http://www.megastudybooks.com
출판사 신고 번호	제 2015-000159호
출간제안/원고투고	메가스터디북스 홈페이지 <투고 문의>에 등록

메가스터디BOOKS

'메가스터디북스'는 메가스터디㈜의 출판 전문 브랜드입니다.
유아/초등 학습서, 중고등 수능/내신 참고서는 물론, 지식, 교양, 인문 분야에서 다양한 도서를 출간하고 있습니다.

· **제품명** 이서윤쌤의 초등 한자 어휘 끝내기 3단계
· **제조자명** 메가스터디㈜ · **제조년월** 판권에 별도 표기 · **제조국명** 대한민국 · **사용연령** 3세 이상
· **주소 및 전화번호** 서울시 서초구 효령로 304(서초동) 국제전자센터 24층 / 1661-5431

랑랑쌤의 한마디

공부 실력을 키우는 한자 어휘 학습, 실전편!

여러분, 안녕하세요. 저는 랑랑쌤 이서윤 선생님이에요. 그동안 저는 한자 어휘의 중요성을 강조해 왔어요. 그래서 '의미 중심의 한자 어휘 공부법'을 활용한 《이서윤쌤의 초등한자어휘 일력》을 펴냈어요.

'의미 중심의 한자 어휘 공부법'은 한자의 뜻을 제대로 알고 연관된 어휘의 의미를 파악하는 방식의 공부법이랍니다. 특히, 교과 내용을 이해할 때 큰 도움이 됩니다. 예를 들어, 사회 교과에서 '등고선(等高線)'이라는 어휘의 한자를 안다면 '같을 등, 높을 고, 선 선'으로 의미를 연결하여 '지도에서 높이가 같은 곳을 선으로 이어 땅의 높낮이를 나타낸 선'으로 이해할 수 있겠지요.
교과서에서 배우는 어휘들은 한자의 조합으로 이루어진 것들이 많아요. 그래서 한자의 의미만 제대로 알아도 교과서에서 다루는 내용을 섬세하게 이해할 뿐 아니라, 교과 개념도 쉽게 파악할 수 있답니다.

《이서윤쌤의 초등 한자 어휘 끝내기》는 의미 중심의 한자 어휘 공부법으로 주요 과목의 필수 어휘를 학습하는 '실전편'입니다. 기본 한자의 음, 뜻, 모양을 직접 써 보며 익히고, 국어, 수학, 사회, 과학 교과의 어휘들을 학습 한자와 연결해서 배웁니다. '1한자 8어휘 30일 완성'으로, 주요 과목부터 일상생활 어휘, 고사성어까지 교과 학습과 일상생활의 어휘 빈틈이 없도록 도와줍니다.

'일력'으로 한자와 한자 어휘를 매일 접하며 공부 습관을 기르고, '끝내기'로 한자와 한자 어휘를 직접 쓰고 익히면서 진짜 실력을 키워 보세요. 이 책이 여러분의 어휘력과 언어 감각, 나아가 공부 실력을 끌어올리는 데 훌륭한 나침반이 되리라 기대합니다.

이서윤 (랑랑쌤)

랑랑쌤과 친구들

총총

명명
총총의 여동생

심심
총총의 단짝 친구

미미
총총의 여자 친구

구성과 특징

시작하기 먼저 한자의 뜻, 음, 모양을 알고 따라 쓴 다음, 다양한 글을 읽으며 어휘의 쓰임을 확인해요.

기본 학습 1~30일

- 국어, 수학, 사회, 과학 교과서 속 핵심 어휘부터 일상생활, 고사성어까지 초등학생이 꼭 알아야 할 어휘를 선정했습니다.

- 학년(2~5학년) 및 한자 급수(8~4급)에 따라 3단계로 난이도를 구분하여 학습자별 맞춤 학습이 가능합니다.

- 30일 동안 하루에 1한자, 8어휘씩 총 240개의 어휘를 학습할 수 있습니다.

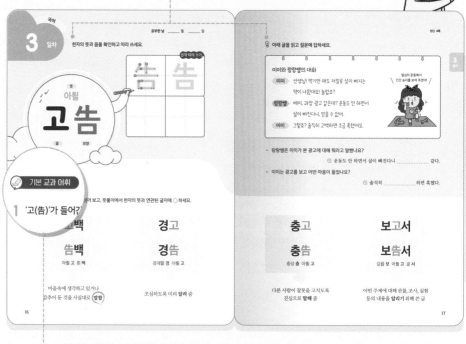

STEP 1 학습 한자가 들어간 기본 어휘 4개를 학습하며 개념을 이해해요.

복습 어휘랑 총정리

- 과목별 기본 학습이 끝날 때마다 학습 어휘를 종합적으로 점검하고, 학습 효과를 높일 수 있는 코너를 제공했습니다.

- '어휘 → 문장 → 문맥' 순으로 점차 확장하며 체계적으로 복습하도록 구성했습니다.

- 선 긋기, 퀴즈, 어휘 퍼즐 등 다양한 활동으로 재미있게 학습할 수 있습니다.

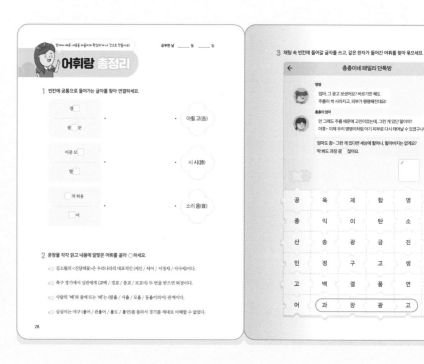

학습 한자가 들어간 확장 어휘 4개를 추가로 학습하며 어휘 실력을 키워요.

글의 맥락을 이해하고 응용할 수 있도록 학습 어휘가 들어간 문장을 만들며 문해력을 완성해요.

교과 어휘 확장

2 뜻풀이를 각각 일...

...기 위해 쓴 글

상품의 기능을 실제보다
부풀리는 광고

광 [ ] 문   　　과장 광 [ ]

告

상품에 대해 사실이 아닌
정보를 사용하는 광고

허위 광 [ ]

기업이나 단체가 여러 사람의
이익을 위해 만든 광고

공익 광 [ ]

3 '고(告)'의 뜻을 떠올리며 밑줄 친 곳에 공통으로 들어갈 글자를 쓰세요.

보고서는 어떤 주제에 대해
관찰, 조사, 실험 등의 내용을
[ ] 위해 쓴 글이야.

광고문은 상품을 널리
[ ] 위해 쓴 글을
말하지.

✐ _____

18

어휘로 문해력 완성

정답 4쪽

4 다음 중 '고(告)'가 ...은 어휘를 찾아 ○ 하세요.

[ ]고서   　고백   　경고   　과장 광고

3
일차

5 문장을 각각 읽고 밑줄 친 곳에 들어갈 알맞은 어휘를 찾아 연결하세요.

오늘 종호는 미미에게 사랑을 _____ 하기로 결심했다.　　·

·　허위 광고

땅땅쌤은 지하철에서 시끄럽게 떠드는 아이들을 향해 조용히 하라고 _____ 했다.　　·

·　고백

_____ 은 기업을 알리거나 상품이 더 많이 팔리도록 만드는 데 목적이 있다.　　·

·　충고

SNS에서 화장품을 _____ 로 판 업체들이 경찰에 구속되었다.　　·

·　광고문

6 제시된 어휘 중 알맞은 것을 활용하여 문장을 완성하세요.

보고서
vs
광고문
　　심심이가 학급 친구들의 취미 활동에 대한 조사를 끝낸 뒤, _____ 작성했다.

허위 광고
vs
공익 광고
　　TV에 에너지를 아껴 쓰자는 _____ 나왔다.

19

---

4 가로세로 열쇠의 뜻풀이를 읽고 퍼즐을 완성하세요.

①		②		시(詩)
음(音)		③		관(觀)
		④		
		용(用)		

가로

① 자음, 모음처럼 말의 뜻을 구별하는 소리의 가장 작은 단위
② 정해진 형식과 규칙을 따르지 않고 자유롭게 쓴 시
③ 일정한 분야에 쓰는 말
④ 어떤 행동이나 일을 판단할 때 바탕이 되는 생각

세로 열쇠

① '백성을 깨우치는 바른 소리'라는 뜻의 세종 대왕이 만든 우리나라 글자
② 시를 쓰는 사람
③ 다른 사람의 말이나 글에서 필요한 부분을 빌려 쓰는 것
④ 사물이나 현상을 바라보는 태도, 방향

5 보기 속 어휘를 활용하여 문장을 완성하세요.

보기
관용어　　관객　　시인　　보고서　　훈민정음

해석 지진 현장을 방문한 공무원이 피해 상황을 **보고서**로 제출한다.

❷ 김삿갓은 조선 팔도를 돌아다니며 여러 편의 시를 남긴 _____

❸ '발이 넓다'는 발의 너비가 아니라, 아는 사람이 많다는 _____

❹ 미미의 연극이 끝나자, _____ 모두 일어나 박수를 쳤다.

❺ 세종대왕이 만든 _____ 글을 읽고 쓸 줄 아는 사람들이 늘어났다.

6 제시된 어휘를 활용하여 문장을 만드세요.

관찰　　➜　심심이는 갓낭콩이 자라는 과정을

용도　　➜　땅땅쌤은 선물받은 그릇을

31

차례

I

국어

매일 4쪽씩
재미있게 공부해요!

詩
시 시
- **시**인
- **시**어
- 서정**시**
- 서사**시**

觀
볼 관
- **관**찰
- **관**객
- **객관**적
- 가치**관**

告
아뢸 고
- **고**백
- 경**고**
- 충**고**
- 보**고**서

音
소리 음
- 발**음**
- 자**음**
- 모**음**
- 훈민정**음**

用
쓸 용
- 유**용**
- 실**용**
- **용**어
- **용**도

한자의 뜻과 음을 확인하고 따라 쓰세요.

한자 따라 쓰기

뜻
시

음 모양

시詩

✏️ 기본 교과 어휘

1 '시(詩)'가 들어간 어휘를 읽어 보고, 뜻풀이에서 한자의 뜻과 연관된 글자에 ◯ 하세요.

시인

詩인

시 **시** 사람 인

를 쓰는 사람

시어

詩어

시 **시** 말씀 어

시인의 생각이나 감정을 표현하기
위해 **시**에 쓰는 단어 하나하나

1
일차

💡 아래 글을 읽고 질문에 답하세요.

시를 쓰는 법

시를 쓰는 법은 어렵지 않습니다. 마음에 떠오르는 생각이나 느낌을 노래하듯이 쓰면 됩니다. 형식에 따라 자유시, 정형시, 산문시가 있지만, 처음에는 자유롭게 써도 됩니다. 먼저, 무엇을 쓰고 싶은지 대상을 정한 다음, 리듬감이 느껴지도록 풀어나가다 보면 여러분도 시인이 될 수 있습니다!

내가 좋아하는 치킨에 대해 써 볼까?

- 시는 형식에 따라 어떻게 구분할 수 있나요?

  ✍ ＿＿＿＿＿＿＿, ＿＿＿＿＿＿＿, ＿＿＿＿＿＿＿

- 시 쓰는 것을 연습하다 보면 무엇을 꿈꿀 수 있나요?

  ✍ ＿＿＿＿＿＿＿이 될 수도 있다.

서정시

서정詩

풀 서 뜻 정 시 시

개인의 생각이나 감정을
표현한 **시**

서사시

서사詩

풀 서 일 사 시 시

역사적 사건이나 신,
영웅의 이야기를 쓴 **시**

2 뜻풀이를 각각 읽고 빈칸을 채워 어휘를 완성하세요.

정해진 형식과 규칙을
따르지 않고 자유롭게 쓴 시

자유 ☐

정해진 형식과 규칙에
맞추어 쓴 시

정형 ☐

詩

연과 행의 구분 없이
줄글로 표현한 시

산문 ☐

시에서 운율, 분위기,
주제를 드러내기 위해 문법에
어긋나는 표현을 허용함

☐ 적 허용

3 '시(詩)'의 뜻을 떠올리며 밑줄 친 곳에 공통으로 들어갈 글자를 쓰세요.

시어는 시인의 생각이나 감정을
표현하기 위해 _____ 에 쓰는
단어 하나하나예요.

자유시는 정해진 형식과
규칙을 따르지 않고 자유롭게
쓴 _____ 를 말하지.

4 다음 중 '시(詩)'가 쓰이지 않은 어휘를 찾아 ○ 하세요.

시어   서사시   잠시   서정시   시적 허용

5 문장을 각각 읽고 밑줄 친 곳에 들어갈 알맞은 어휘를 찾아 연결하세요.

| 시에서는 _____ 을 통해 맞춤법이나 띄어쓰기에 어긋나는 표현을 특별히 사용할 수 있다. | · | · | 서정시 |

| 총총이는 국어 시간에 짝사랑을 주제로 자신의 감정을 표현한 _____ 를 썼다. | · | · | 시적 허용 |

| 글짓기 대회에 나간 명명이는 쉽고 아름다운 _____ 를 사용하여 높은 점수를 받았다. | · | · | 시어 |

| 고려 시대 말부터 창작된 시조는 일정한 형식이 있는 _____ 이다. | · | · | 정형시 |

6 제시된 어휘 중 알맞은 것을 활용하여 문장을 완성하세요.

시인
VS
시어

💬 우리나라를 대표하는 _____ 일제 강점하에서 나라를 잃은 슬픔을 노래한 김소월이 있다.

서정시
VS
서사시

💬 <용비어천가>는 조선을 세운 선조들의 업적을 기리는

_____

한자의 뜻과 음을 확인하고 따라 쓰세요.

한자 따라 쓰기

뜻
볼

관 觀

음   모양

✐ 기본 교과 어휘

1 '관(觀)'이 들어간 어휘를 읽어 보고, 뜻풀이에서 한자의 뜻과 연관된 글자에 ○ 하세요.

관찰

觀찰

볼 관 살필 찰

사물이나 현상을 주의하여
자세히 살펴봄

관객

觀객

볼 관 손님 객

운동 경기, 공연, 영화 등을
보거나 듣는 사람

💡 아래 글을 읽고 질문에 답하세요.

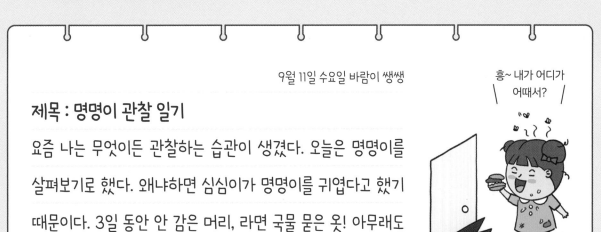

9월 11일 수요일 바람이 쌩쌩

제목 : 명명이 관찰 일기

요즘 나는 무엇이든 관찰하는 습관이 생겼다. 오늘은 명명이를 살펴보기로 했다. 왜냐하면 심심이가 명명이를 귀엽다고 했기 때문이다. 3일 동안 안 감은 머리, 라면 국물 묻은 옷! 아무래도 심심이와 나는 관점이 많이 다른 것 같다.

흥~ 내가 어디가 어때서?

• 오늘 총총이는 무엇을 했나요?

     ✍ 명명이를 _____ 했다.

• 총총이와 심심이가 명명이에 대해 다르게 느낀 이유는 무엇인가요?

     ✍ 서로 _____이 다르기 때문이다.

객관적

객觀적

손님 객 볼 관 과녁 적

⬇

다른 사람의 입장에서 사물을
보거나 생각하는 것

가치관

가치觀

값 가 값 치 볼 관

⬇

어떤 행동이나 일을 판단할 때
바탕이 되는 **생각**

2 뜻풀이를 각각 읽고 빈칸을 채워 어휘를 완성하세요.

사물이나 현상을
바라보는 태도, 방향

◻점

사람들의 행동을 결정하는
잘 변하지 않는 **생각**

고정 ◻념

觀

원래 **표현하고자** 하는 대상

원 ◻ 념

원관념을 빗대어 **나타낸**
다른 대상

보조 ◻ 념

3 '관(觀)'의 뜻을 떠올리며 밑줄 친 곳에 공통으로 들어갈 글자를 쓰세요.

관객은 운동 경기, 공연, 영화 등을 _____ 듣는 사람이야.

'객관적'은 다른 사람의 입장에서 사물을 _____ 생각하는 것을 말하지.

✐ _____

4 다음 중 '관(觀)'이 쓰이지 않은 어휘를 찾아 ○ 하세요.

> 관객   고정 관념   관점   가치관   도서관

5 문장을 각각 읽고 밑줄 친 곳에 들어갈 알맞은 어휘를 찾아 연결하세요.

미미는 병아리의 성장 과정을 _____ 해서 보고서를 썼다. •	• 객관적
_____ 과 보조 관념 사이에는 모양이나 색깔, 성질 등의 공통점이 있다. •	• 고정 관념
머리가 긴 사람을 여자라고 생각하는 것은 _____ 이다. •	• 원관념
설명문은 어떤 사실이나 정보를 _____ 으로 전달해야 한다. •	• 관찰

6 제시된 어휘 중 알맞은 것을 활용하여 문장을 완성하세요.

관찰
VS
관점

> ✎ 논설문은 글쓴이의 _____ 분명하게 나타난 글이다.

원관념
VS
보조 관념

> ✎ '사과 같은 내 얼굴'이라는 표현에서 '사과'는 _____

3 일차

한자의 뜻과 음을 확인하고 따라 쓰세요.

한자 따라 쓰기

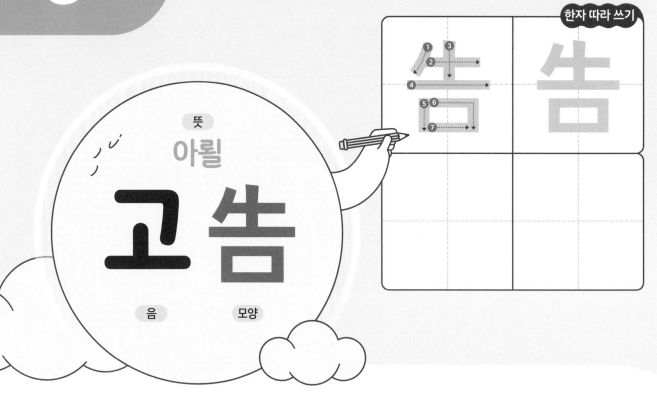

뜻
아뢸
고告
음   모양

✏️ 기본 교과 어휘

1 '고(告)'가 들어간 어휘를 읽어 보고, 뜻풀이에서 한자의 뜻과 연관된 글자에 ◯ 하세요.

고백
告백
아뢸 고 흰 백

경고
경告
경계할 경 아뢸 고

마음속에 생각하고 있거나
감추어 둔 것을 사실대로 말함

조심하도록 미리 **알려** 줌

💡 **아래 글을 읽고 질문에 답하세요.**

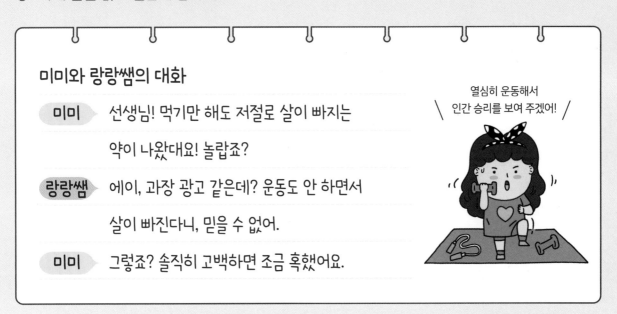

미미와 랑랑쌤의 대화

미미 ▶ 선생님! 먹기만 해도 저절로 살이 빠지는

약이 나왔대요! 놀랍죠?

랑랑쌤 ▶ 에이, 과장 광고 같은데? 운동도 안 하면서

살이 빠진다니, 믿을 수 없어.

미미 ▶ 그렇죠? 솔직히 고백하면 조금 혹했어요.

> 열심히 운동해서
> 인간 승리를 보여 주겠어!

• 랑랑쌤은 미미가 본 광고에 대해 뭐라고 말했나요?

💬 운동도 안 하면서 살이 빠진다니 _____ 같다.

• 미미는 광고를 보고 어떤 마음이 들었나요?

💬 솔직히 _____ 하면 혹했다.

충고

충告

충성 **충** 아뢸 고

다른 사람이 잘못을 고치도록
진심으로 **말해** 줌

보고서

보告서

갚을 **보** 아뢸 **고** 글 **서**

어떤 주제에 대해 관찰, 조사, 실험
등의 내용을 **알리기** 위해 쓴 글

2 뜻풀이를 각각 읽고 빈칸을 채워 어휘를 완성하세요.

상품을 널리 알리기 위해 쓴 글

광 ☐ 문

상품의 기능을 실제보다
부풀리는 광고

과장 광 ☐

告

상품에 대해 사실이 아닌
정보를 사용하는 광고

허위 광 ☐

기업이나 단체가 여러 사람의
이익을 위해 만든 광고

공익 광 ☐

3 '고(告)'의 뜻을 떠올리며 밑줄 친 곳에 공통으로 들어갈 글자를 쓰세요.

보고서는 어떤 주제에 대해
관찰, 조사, 실험 등의 내용을
＿＿＿ 위해 쓴 글이야.

광고문은 상품을 널리
＿＿＿ 위해 쓴 글을
말하지.

4 다음 중 '고(告)'가 쓰이지 않은 어휘를 찾아 ○ 하세요.

최고   보고서   고백   경고   과장 광고

5 문장을 각각 읽고 밑줄 친 곳에 들어갈 알맞은 어휘를 찾아 연결하세요.

오늘 총총이는 미미에게 사랑을 _____ 하기로 결심했다.   •

•   허위 광고

랑랑쌤은 지하철에서 시끄럽게 떠드는 아이들을 향해 조용히 하라고 _____ 했다.   •

•   고백

_____은 기업을 알리거나 상품이 더 많이 팔리도록 만드는 데 목적이 있다.   •

•   충고

SNS에서 화장품을 _____로 판 업체들이 경찰에 구속되었다.   •

•   광고문

6 제시된 어휘 중 알맞은 것을 활용하여 문장을 완성하세요.

보고서
vs
광고문

✍ 심심이가 학급 친구들의 취미 활동에 대한 조사를 끝낸 뒤,

_____ 작성했다.

허위 광고
vs
공익 광고

✍ TV에 에너지를 아껴 쓰자는 _____ 나왔다.

4 일차

한자의 뜻과 음을 확인하고 따라 쓰세요.

한자 따라 쓰기

뜻
소리

음 音

음   모양

✏️ **기본 교과 어휘**

1 '음(音)'이 들어간 어휘를 읽어 보고, 뜻풀이에서 한자의 뜻과 연관된 글자에 ⭕ 하세요.

발음

발音

필 **발** 소리 음

자음

자音

아들 **자** 소리 음

를 내는 것

'ㄱ, ㄴ, ㄷ, ㄹ, ㅁ, ㅂ'처럼 공기가 목이나
입 안의 방해를 받고 나오는 **소리**

💡 아래 글을 읽고 질문에 답하세요.

9월 25일 일요일 햇빛 쨍쨍

제목 : 아기 시절 명명이

오랜만에 기저귀를 찬 아기 시절 명명이를 영상으로 보았다. 이제 막 말을 시작했는지 나를 '빠빠'라고 불렀다. 쌍자음 두 개를 발음하는 것보다 '오빠'라고 하는 게 쉬울 것 같은데…. 그래도 아기 새처럼 내 뒤만 졸졸 쫓아다니는 모습이 참 귀여웠다.

- 영상 속 아기 명명이는 어떤 행동을 보였나요?

    💬 이상한 _____으로 총총이를 불렀다.

- 그 소리를 들은 총총이는 무슨 생각을 했나요?

    💬 _____ 두 개로 '빠빠'라고 부르는 것보다 '오빠'라고 하는 게 쉬울 것 같다.

모음

모音

어미 **모** 소리 **음**

'ㅏ, ㅑ, ㅓ, ㅕ, ㅗ, ㅛ'처럼 공기가 목이나 입 안의 방해를 받지 않고 나오는 **소리**

훈민정음

훈민정音

가르칠 **훈** 백성 **민** 바를 **정** 소리 **음**

'백성을 깨우치는 바른 **소리**'라는 뜻의 세종 대왕이 만든 우리나라 글자

2 뜻풀이를 각각 읽고 빈칸을 채워 어휘를 완성하세요.

자음, 모음처럼 말의 뜻을
구별하는 소리의 가장 작은 단위

[ ] 운

소리는 같으나 뜻이 다른 말

동 [ ] 이의어

音

'ㄲ, ㄸ, ㅃ, ㅆ, ㅉ'처럼 두 개의
같은 자음이 합쳐져 하나의
자음이 된 소리

쌍자 [ ]

'ㅑ, ㅒ, ㅕ, ㅖ, ㅛ'처럼 소리를 낼 때
입술 모양이나 혀의 위치가
바뀌는 소리

이중 모 [ ]

3 '음(音)'의 뜻을 떠올리며 밑줄 친 곳에 공통으로 들어갈 글자를 쓰세요.

훈민정음은 '백성을 깨우치는
바른 _____'라는 뜻의 세종
대왕이 만든 우리나라 글자야.

이중 모음은 'ㅑ, ㅒ, ㅕ, ㅖ, ㅛ'처럼
소리를 낼 때 입술 모양이나 혀의
위치가 바뀌는 _____를 가리키지.

4 다음 중 '음(音)'이 쓰이지 않은 어휘를 찾아 ◯ 하세요.

쌍자음   훈민정음   모음   발음   음료수

5 문장을 각각 읽고 밑줄 친 곳에 들어갈 알맞은 어휘를 찾아 연결하세요.

_____은 자음 없이 혼자서도 소리를 낼 수 있다.   •   •   훈민정음

'말', '발'에서 뜻을 구별해 주는 자음 'ㅁ' 과 'ㅂ'은 _____에 포함된다.   •   •   동음이의어

책상의 '다리'와 강을 건너는 '다리'는 소리만 같은 _____이다.   •   •   음운

우리 조상들은 세종 대왕이 _____을 만 들기 전에 주로 한자를 썼다.   •   •   모음

6 제시된 어휘 중 알맞은 것을 활용하여 문장을 완성하세요.

발음
VS
음운

✎ 총총이는 멍멍이의 영어 _____ 듣고

웃음을 터뜨렸다.

자음
VS
모음

✎ 우리말에는 'ㄱ, ㄴ, ㄷ, ㄹ, ㅁ' 등과 같은 _____

19개가 있다.

5 일차

한자의 뜻과 음을 확인하고 따라 쓰세요.

한자 따라 쓰기

뜻 쓸
음 용 모양

📝 기본 교과 어휘

1 '용(用)'이 들어간 어휘를 읽어 보고, 뜻풀이에서 한자의 뜻과 연관된 글자에 ◯ 하세요.

유용

유用

있을 유 쓸 용

쓸모가 있음

실용

실用

열매 실 쓸 용

실제로 씀

💡 아래 글을 읽고 질문에 답하세요.

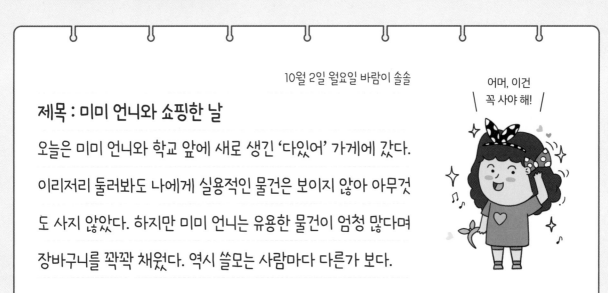

10월 2일 월요일 바람이 솔솔

어머, 이건
꼭 사야 해!

제목 : 미미 언니와 쇼핑한 날

오늘은 미미 언니와 학교 앞에 새로 생긴 '다있어' 가게에 갔다.

이리저리 둘러봐도 나에게 실용적인 물건은 보이지 않아 아무것

도 사지 않았다. 하지만 미미 언니는 유용한 물건이 엄청 많다며

장바구니를 꽉꽉 채웠다. 역시 쓸모는 사람마다 다른가 보다.

• 명명이는 왜 아무것도 사지 않았나요?

✎ _____적인 물건이 없었기 때문이다.

• 미미는 왜 물건을 잔뜩 샀나요?

✎ _____한 물건이 많았기 때문이다.

용어
用어
쓸 용 말씀 어

용도
用도
쓸 용 길 도

일정한 분야에서 **쓰는** 말

어떤 것이 **쓰이는** 곳이나 방법

2 뜻풀이를 각각 읽고 빈칸을 채워 어휘를 완성하세요.

둘 이상의 낱말이 합쳐져
원래와 다른 새로운 뜻으로
굳어져 쓰이는 말

관 [ ] 어

다른 사람의 말이나 글에서
필요한 부분을 빌려 쓰는 것

인 [ ]

用

사람이나 사물의 움직임을 나타
내는 '동사'와 상태, 성질을 표현
하는 '형용사'를 묶어 이르는 말

[ ] 언

문장 안에서 동사, 형용사의
형태가 변하는 것

활 [ ]

3 '용(用)'의 뜻을 떠올리며 밑줄 친 곳에 공통으로 들어갈 글자를 쓰세요.

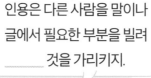

용어는 일정한 분야에서
_____ 말이야.

인용은 다른 사람을 말이나
글에서 필요한 부분을 빌려
_____ 것을 가리키지.

_____

4 다음 중 '용(用)'이 쓰이지 않은 어휘를 찾아 ○ 하세요.

| 용서 | 실용 | 유용 | 활용 | 용어 |

5 문장을 각각 읽고 밑줄 친 곳에 들어갈 알맞은 어휘를 찾아 연결하세요.

'밤공기가 시원하다'라는 문장에서 공기 상태를 설명하는 '시원하다'는 _____ 에 포함된다.

용도

학예회 날, 총총이네 교실은 다른 _____ 로 쓰일 예정이다.

용언

랑랑쌤은 시간을 효율적으로 관리할 수 있는 _____ 적인 방법을 알려 주셨다.

활용

'먹다'는 '먹고', '먹었다'와 같이 문장에서 다양한 모습으로 _____ 할 수 있다.

실용

6 제시된 어휘 중 알맞은 것을 활용하여 문장을 완성하세요.

용어
vs
용언

문장에서 _____ '(누가/무엇이) 어찌하다', '(누가/무엇이) 어떠하다'와 같은 역할을 한다.

관용어
vs
인용

'입이 짧다'는 음식을 적게 먹거나 음식에 관심이 없을 때 사용하는 _____

어휘랑 총정리

1 빈칸에 공통으로 들어가는 글자를 찾아 연결하세요.

경☐

광☐문

•

• 아뢸 고(告)

이중 모☐

발☐

•

• 시 시(詩)

☐적 허용

☐어

•

• 소리 음(音)

2 문장을 각각 읽고 내용에 알맞은 어휘를 골라 ◯ 하세요.

🔊 김소월의 <진달래꽃>은 우리나라의 대표적인 (**시**인 / **시**어 / 서정**시** / 서사**시**)이다.

🔊 축구 경기에서 심판에게 (**고**백 / 경**고** / 충**고** / 보**고**서) 두 번을 받으면 퇴장이다.

🔊 사람의 '배'와 물에 뜨는 '배'는 (발**음** / 자**음** / 모**음** / 동**음**이의어) 관계이다.

🔊 심심이는 야구 (**용**어 / 관**용**어 / **용**도 / **용**언)를 몰라서 경기를 제대로 이해할 수 없었다.

3 채팅 속 빈칸에 들어갈 글자를 쓰고, 같은 한자가 들어간 어휘를 찾아 묶으세요.

총총이네 패밀리 단톡방

← 　　　　　　　　　　　　　　　　　　🔍 ☰

명명

엄마, 그 광고 보셨어요? 바르기만 해도
주름이 싹 사라지고, 피부가 팽팽해진대요!

총총이 엄마

안 그래도 주름 때문에 고민이었는데, 그런 게 있단 말이야?
야호~ 이제 우리 명명이처럼 아기 피부로 다시 태어날 수 있겠구나!

엄마도 참~ 그런 게 있다면 세상에 할머니, 할아버지는 없게요?
딱 봐도 과장 광 ☐ 잖아요.

공	육	제	함	명	산
종	익	이	탄	소	충
산	송	광	금	진	고
민	정	구	고	생	건
고	백	결	품	연	나
어	과	장	광	고	호

4 가로세로 열쇠의 뜻풀이를 읽고 퍼즐을 완성하세요.

❶			❷		❷ 시(詩)
❶ 음(音)			❹		❹ 관(觀)
		❸			
		❸ 용(用)			

🔑 **가로 열쇠**

❶ 자음, 모음처럼 말의 뜻을 구별하는 소리의 가장 작은 단위

❷ 정해진 형식과 규칙을 따르지 않고 자유롭게 쓴 시

❸ 일정한 분야에서 쓰는 말

❹ 어떠한 행동이나 일을 판단할 때 바탕이 되는 생각

🔑 **세로 열쇠**

❶ '백성을 깨우치는 바른 소리'라는 뜻의 세종 대왕이 만든 우리나라 글자

❷ 시를 쓰는 사람

❸ 다른 사람의 말이나 글에서 필요한 부분을 빌려 쓰는 것

❹ 사물이나 현상을 바라보는 태도, 방향

5 보기 속 어휘를 활용하여 문장을 완성하세요.

> **보기**
>
> 관용어   관객   시인   보고서   훈민정음

예시 지진 현장을 방문한 공무원이 피해 상황을 <u>보고서로</u> 제출했다.

💬 김삿갓은 조선 팔도를 돌아다니며 여러 편의 시를 남긴 _____

💬 '발이 넓다'는 발의 너비가 아니라, 아는 사람이 많다는 _____

💬 미미의 연극이 끝나자, _____ 모두 일어나 박수를 쳤다.

💬 세종대왕이 만든 _____ 글을 읽고 쓸 줄 아는 사람들이 늘어났다.

6 제시된 어휘를 활용하여 문장을 만드세요.

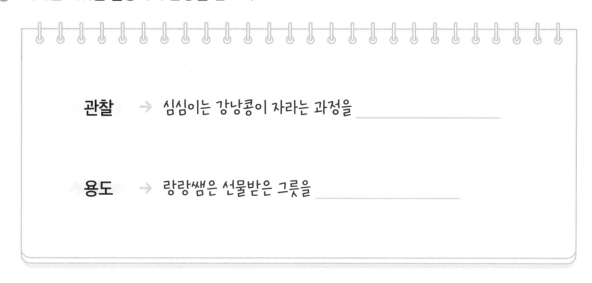

관찰 → 심심이는 강낭콩이 자라는 과정을 _____

용도 → 랑랑쌤은 선물받은 그릇을 _____

Ⅱ

사회·역사

政 정사 정

- 정치 · 정부
- 정책 · 행정

遺 남길 유

- 유기견 · 유언
- 유물 · 유적

史 역사 사

- 역사 · 암행어사
- 선사 시대 · 사상

選 가릴 선

- 선택 · 선거
- 선출 · 선거권

産 낳을 산

- 생산 · 원산지
- 저출산 · 부동산

雨 비 우

- 측우기 · 강우량
- 집중 호우 · 기우제

高 높을 고

- 고속 도로 · 등고선
- 고구려 · 고려

度 법도 도

- 한도 · 제도
- 위도 · 경도

開 열 개

- 개천절 · 개발
- 개방 · 개표

6 일차

한자의 뜻과 음을 확인하고 따라 쓰세요.

한자 따라 쓰기

뜻
정사
정 政
음   모양

✏️ 기본 교과 어휘

1 '정(政)'이 들어간 어휘를 읽어 보고, 뜻풀이에서 한자의 뜻과 연관된 글자에 ○ 하세요.

정치
政치
정사 **정** 다스릴 **치**

정부
政부
정사 **정** 마을 **부**

(나라를 다스리는 일) 또는 사람들
사이에서 생기는 문제를 해결하는 활동

법에 따라 **나라의 살림**을 하는 곳

💡 아래 글을 읽고 질문에 답하세요.

국회 의사당에 다녀와서

학급 반장, 부반장들이 모여 국회 의사당으로 체험 학습을 다녀

왔다. 도착해 보니, 국회 의원들이 국가 재정에 대해 치열한 토

론을 벌이고 있었다. 랑랑쌤은 이러한 과정을 거쳐 국민을 위한

정책이 만들어진다고 하셨다. 꼭 학급 회의 시간에 이야기를

나누는 우리 모습 같아 신기했다.

국민의 세금을 함부로
쓸 수 없습니다!

- 총총이와 미미는 국회 의사당에서 무엇을 보았나요?

   ✍ 국회 의원들이 국가 ＿＿＿＿＿＿＿＿에 대해 토론을 벌이는 모습을 보았다.

- 국회 의원들은 왜 토론을 벌였나요?

   ✍ 국민을 위한 ＿＿＿＿＿＿＿＿을 만들기 위함이다.

정책	행정
政책	**행政**
정사 **정** 꾀 **책**	다닐 **행** 정사 **정**

⬇ | ⬇

정부가 국민의 문제를 해결하기
위해 내놓은 계획, 방법

나라를 다스리는 일 가운데 법을 만들고,
법으로 판단하는 행위를 제외한 활동

2 뜻풀이를 각각 읽고 빈칸을 채워 어휘를 완성하세요.

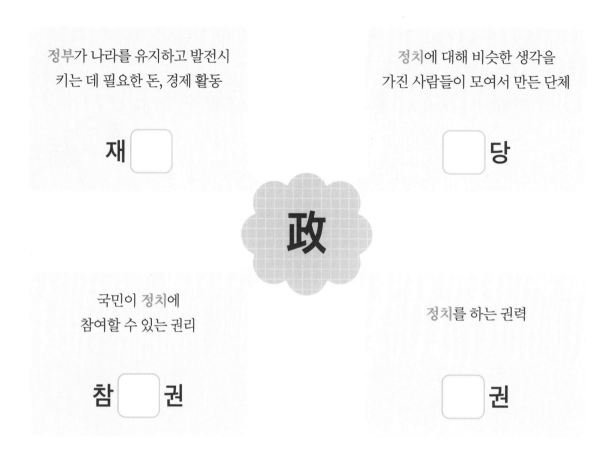

정부가 나라를 유지하고 발전시
키는 데 필요한 돈, 경제 활동

재[　]

정치에 대해 비슷한 생각을
가진 사람들이 모여서 만든 단체

[　]당

政

국민이 정치에
참여할 수 있는 권리

참[　]권

정치를 하는 권력

[　]권

3 '정(政)'의 뜻을 떠올리며 밑줄 친 곳에 공통으로 들어갈 글자를 쓰세요.

정당은 _____에 대해
비슷한 생각을 가진 사람
들이 모여서 만든 단체야.

참정권은 국민이
_____에 참여할 수
있는 권리를 말하지.

4 다음 중 '정(政)'이 쓰이지 않은 어휘를 찾아 ○ 하세요.

> 정부   참정권   우정   재정   행정

5 문장을 각각 읽고 밑줄 친 곳에 들어갈 알맞은 어휘를 찾아 연결하세요.

우리나라 헌법은 국민이 정치에 참여할 수 있도록 _____을 보장한다.	정치
과거 우리나라에서는 학생과 시민들이 독재 _____에 맞서 싸웠다.	참정권
정부가 에너지를 절약하기 위한 새로운 _____을 내놓았다.	정권
국민이 _____에 참여하는 방법에는 투표, 공청회 참여, 정당 가입 등이 있다.	정책

6 제시된 어휘 중 알맞은 것을 활용하여 문장을 완성하세요.

정부
vs
정당

✍ 대통령 선거가 다가오자 각 _____ 후보자를 추천했다.

행정
vs
재정

✍ 세금은 국가 _____ 바탕이 되므로 제대로 관리해야 한다.

공부한 날 _____ 월 _____ 일

한자의 뜻과 음을 확인하고 따라 쓰세요.

한자 따라 쓰기

뜻
남길

유 遺

음   모양

✏️ 기본 교과 어휘

1 '유(遺)'가 들어간 어휘를 읽어 보고, 뜻풀이에서 한자의 뜻과 연관된 글자에 ◯ 하세요.

유기견

遺기견

남길 **유** 버릴 **기** 개 **견**

키우다 (버려진) 개

유언

遺언

남길 **유** 말씀 **언**

죽을 때 **남긴** 말

💡 **아래 글을 읽고 질문에 답하세요.**

> **총총이에게**
>
> 지금 내가 있는 이곳은 경주야. 유적이 많아서 '역사의 고장'이
> 라고도 불리지. 오전에는 불국사, 첨성대를 구경하고, 오후에는 국
> 립박물관에서 다양한 신라 시대의 유물을 봤어. 천 년 전에 살
> 던 사람들이 남긴 물건을 볼 수 있다니 정말 신기하더라.
> 다음번에는 같이 오자.   - 심심이가

역사가 살아 있는 이곳에서
기념사진이 빠질 수 없지~

• 경주는 왜 '역사의 고장'이라고 불리나요?

✎ _____이 많기 때문이다.

• 심심이는 오후에 무엇을 했나요?

✎ 국립박물관에서 신라 시대의 _____을 구경했다.

유물

遺물

남길 **유** 물건 **물**

토기, 도자기 등 조상들이
남긴 물건

유적

遺적

남길 **유** 자취 **적**

동굴, 다리 등 역사적 사건이
일어난 곳이나 과거의 건축물

2 뜻풀이를 각각 읽고 빈칸을 채워 어휘를 완성하세요.

앞 세대가 **물려준** 물건이나 문화

☐ 산

무덤 속에서 **나온** 뼈

☐ 골

遺

망해서 없어진 나라의
남겨진 백성

☐ 민

고려 충렬왕 때 일연이 신라, 고구
려, 백제가 **남긴** 일을 쓴 역사책

삼국 ☐ 사

3 '유(遺)'의 뜻을 떠올리며 밑줄 친 곳에 공통으로 들어갈 글자를 쓰세요.

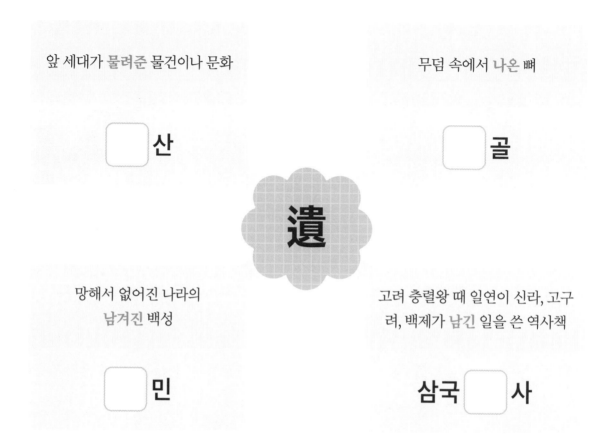

유물은 토기, 석기 등
조상들이 _____
물건이야.

삼국유사는 고려 충렬왕 때 일연이
신라, 고구려, 백제가 _____ 일을
쓴 역사책을 말하지.

✎ _____

4 다음 중 '유(遺)'가 쓰이지 않은 어휘를 찾아 ○ 하세요.

유산   유기견   유치원   삼국유사   유언

5 문장을 각각 읽고 밑줄 친 곳에 들어갈 알맞은 어휘를 찾아 연결하세요.

심심이는 다양한 _____이 전시되어 있는 민속 박물관에 다녀왔다.   •   •   유물

랑랑쌤은 주말마다 _____ 보호소에서 봉사 활동을 한다.   •   •   유산

우리나라의 석굴암, 불국사, 종묘 등은 세계 문화_____으로 지정되었다.   •   •   유기견

총총이네 동네 뒷산에서 구석기 시대 사람으로 추정되는 _____이 발견되었다.   •   •   유골

6 제시된 어휘 중 알맞은 것을 활용하여 문장을 완성하세요.

유물
vs
유적

✎ 싸움터, 고분과 같이 _____ 형태가 크고 위치를 옮길 수 없다는 특징이 있다.

유골
vs
유민

✎ 발해는 고구려 _____ 말갈족이 힘을 합쳐 세운 나라이다.

8 일차

한자의 뜻과 음을 확인하고 따라 쓰세요.

한자 따라 쓰기

뜻 역사

사 史

음 모양

✏️ 기본 교과 어휘

1 '사(史)'가 들어간 어휘를 읽어 보고, 뜻풀이에서 한자의 뜻과 연관된 글자에 ○ 하세요.

역사

역史

지낼 **역** 역사 **사**

과거에 일어난 사건이나 기록

암행어사

암행어史

어두울 **암** 다닐 **행** 어거할 **어** 역사 **사**

조선 시대에 임금의 명령을 받아 비밀리에
지방을 돌아다니며 수령을 감시한 **관리**

💡 아래 글을 읽고 질문에 답하세요.

총총이와 명명이의 대화

총총 아직 시작 안 했지?

엄청난 역사 드라마라고 하더니 정말 기대된다!

명명 세트장도 어마어마하고, 인기 배우들만 나온대.

총총 이 분야 전문가인 내가 봤을 때 말이지.

새 드라마는 사상 최고 시청률을 기록할 것 같아.

암행어사
출두요~

• 총총이와 명명이는 무엇이 방영되기를 기다리고 있나요?

💬 새 _____ 드라마

• 총총이는 새로 시작하는 드라마의 결과를 어떻게 예상하나요?

💬 _____ 최고 시청률을 기록할 것이다.

선사 시대

선史 시대

먼저 **선** 역사 **사** 때 **시** 대신할 **대**

역사가 기록되기 이전의 시대

사상

史상

역사 **사** 위 **상**

역사에 나타나 있는 바

43

2 뜻풀이를 각각 읽고 빈칸을 채워 어휘를 완성하세요.

전쟁터, 집터, 절터 등 역사적으로
중요한 사건이나 건축물이 있던 곳

☐ 적

역사를 기록하는 일을 하던 관리

☐ 관

史

역사 편찬의 자료가 되는 기록

☐ 초

역사 연구에 필요한 자료

☐ 료

3 '사(史)'의 뜻을 떠올리며 밑줄 친 곳에 공통으로 들어갈 글자를 쓰세요.

선사 시대는 _____가
기록되기 이전의 시대야.

사적은 전쟁터, 집터, 절터 등
_____적으로 중요한 사건이나
건축물이 있던 곳을 말하지.

정답 10쪽

4 다음 중 '사(史)'가 쓰이지 않은 어휘를 찾아 ○ 하세요.

사초   선사 시대   사적   식사   사료

5 문장을 각각 읽고 밑줄 친 곳에 들어갈 알맞은 어휘를 찾아 연결하세요.

올림픽에 나간 한국 야구 대표팀은 _____ 최초 신기록을 세웠다.

• 사관

_____는 임금을 대신하여 수령의 잘못을 조사하고, 백성들의 억울한 일을 해결해 주었다.

• 암행어사

_____에는 임금의 말과 행동, 임금과 신하가 나랏일을 의논한 내용까지 적혀 있다.

• 사초

_____들은 임금 옆에서 매일 있었던 일을 빠짐없이 기록했다.

• 사상

6 제시된 어휘 중 알맞은 것을 활용하여 문장을 완성하세요.

암행어사
vs
선사 시대

💬 _____ 사용한 도구에 따라 구석기, 신석기, 청동기, 철기 시대로 구분한다.

역사
vs
사상

💬 _____ 조상들이 남긴 유물, 유적, 역사가의 기록을 통해 전해진다.

한자의 뜻과 음을 확인하고 따라 쓰세요.

한자 따라 쓰기

뜻
가릴
선 選
음   모양

기본 교과 어휘

1 '선(選)'이 들어간 어휘를 읽어 보고, 뜻풀이에서 한자의 뜻과 연관된 글자에 ○ 하세요.

선택

選택

가릴 선 가릴 택

여럿 가운데서 필요한 것을
 뽑음

선거

選거

가릴 선 들 거

일정한 모임이나 집단에서
대표를 가려 뽑는 일

💡 아래 글을 읽고 질문에 답하세요.

'민주주의의 꽃', 선거

나라의 주인으로서 가장 쉽고, 확실하게 민주주의를 실천할 수 있는 일이 있다. 바로 투표이다. 우리나라 국민은 누구나 일정한 나이가 되면 선거권이 생긴다. 그런데 점점 투표하는 사람들이 줄고 있다. 소중한 한 표가 모여 나라의 미래를 바꾼다는 사실을 잊지 말아야 한다.

선거권이 생기면
꼭 투표해야 해!

• 랑랑쌤은 무엇을 '민주주의의 꽃'에 빗댔나요?

✍ _____

• 민주주의 국가인 우리나라에서 일정한 나이가 된 국민에게는 무엇이 생기나요?

✍ _____

선출

選출

가릴 **선** 날 **출**

여럿 가운데서 **골라냄**

선거권

選거권

가릴 **선** 들 **거** 권세 **권**

선거에 참여하여 투표로
가려 뽑을 수 있는 권리

2 뜻풀이를 각각 읽고 빈칸을 채워 어휘를 완성하세요.

일정한 나이가 되면
누구나 투표할 수 있는 선거

보통 [ ] 거

투표할 수 있는 권리를 가진
사람이 직접 투표하는 선거

직접 [ ] 거

누구나 한 표씩 투표하는 선거

평등 [ ] 거

누구에게 투표했는지
다른 사람이 알 수 없는 선거

비밀 [ ] 거

3 '선(選)'의 뜻을 떠올리며 밑줄 친 곳에 공통으로 들어갈 글자를 쓰세요.

선거는 일정한 모임이나
집단에서 대표를 _____
뽑는 일이야.

선거권은 선거에 참여하여
투표로 _____ 뽑을 수 있는
권리를 말하지.

_____

⬆️ 어휘로 문해력 완성

4 다음 중 '선(選)'이 쓰이지 않은 어휘를 찾아 ○ 하세요.

| 선출 | 선거권 | 선택 | 보통 선거 | 선생님 |

5 문장을 각각 읽고 밑줄 친 곳에 들어갈 알맞은 어휘를 찾아 연결하세요.

마트에 간 총총이 엄마는 가장 신선한 과일을 _____ 했다.　　　　　·
　　　　　　　　　　　　　　　　　　　　　　·　평등 선거

우리나라 헌법에 따르면 만 18세 이상 국민은 _____을 가진다.　　　　　·
　　　　　　　　　　　　　　　　　　　　　　·　선거권

_____는 모든 국민이 똑같은 가치의 선거권을 갖는 것을 의미한다.　　　　　·
　　　　　　　　　　　　　　　　　　　　　　·　선택

1987년에 일어난 6월 민주 항쟁 이후, 국민이 대통령을 직접 뽑는 _____가 실시되었다.　　·
　　　　　　　　　　　　　　　　　　　　　　·　직접 선거

6 제시된 어휘 중 알맞은 것을 활용하여 문장을 완성하세요.

선택
VS
선거

✎ 우리나라는 _____ 통해

대통령, 국회 의원, 도지사, 시장 등을 뽑는다.

보통 선거
VS
비밀 선거

✎ 심심이네 반은 _____ 학급 반장을 뽑았다.

한자의 뜻과 음을 확인하고 따라 쓰세요.

뜻 낳을

산 産

음 **모양**

한자 따라 쓰기

✏️ 기본 교과 어휘

1 '산(産)'이 들어간 어휘를 읽어 보고, 뜻풀이에서 한자의 뜻과 연관된 글자에 ○ 하세요.

생산

생産

날 생 낳을 산

사람이 생활하는 데
필요한 물건을 만들어 내는 것

원산지

원産지

근원 원 낳을 산 땅 지

물건을 처음으로 **만들어 내는** 곳

💡 아래 글을 읽고 질문에 답하세요.

10월 21일 금요일 햇빛 쨍쨍

제목 : 신나는 가족 외식

총총이 오빠가 축구 대회에서 우승한 기념으로 외식을 했다. 식당에 도착하자마자, 엄마는 메뉴판을 보며 원산지를 살피셨다. 아빠는 횡성 특산물이라는 한우를 주문해 주셨는데, 입에서 살살 녹았다. 앞으로 총총이 오빠를 더 열심히 응원해야겠다.

카~ 씹지도 않았는데
입에서 사르르 녹는 이 맛!

• 총총이 엄마는 식당에 도착하자마자, 무엇을 했나요?

✏️ 메뉴판을 보며 ＿＿＿＿＿＿＿를 살폈다.

• 총총이 아빠는 식당에서 무엇을 주문했나요?

✏️ 횡성 ＿＿＿＿＿＿＿인 한우를 주문했다.

저출산

저출産

낮을 **저** 날 **출** 낳을 **산**

아이를 적게 **낳음**

부동산

부동産

아닐 **부** 움직일 **동** 낳을 **산**

토지, 집 등 움직여서
옮길 수 없는 **재산**

51

2 뜻풀이를 각각 읽고 빈칸을 채워 어휘를 완성하세요.

어떤 지역에서 특별히
만들어 내는 물건

특 [ ] 물

조상들의 문화 중에서
다음 세대에게 물려줄 만한
가치가 있는 모든 것

문화유 [ ]

産

사람이 생활하는 데
필요한 물건이나 서비스를
만들어 내는 모든 활동

[ ] 업

18세기 영국에서 기계가 등장하
면서 수공업에서 기계 공업으로
산업이 바뀐 큰 변화

[ ] 업 혁명

3 '산(産)'의 뜻을 떠올리며 밑줄 친 곳에 공통으로 들어갈 글자를 쓰세요.

원산지는 물건을 처음으로
_____ 곳이야.

산업은 사람이 생활하는 데
필요한 물건이나 서비스를 _____
모든 활동을 가리키지.

52

4 다음 중 '산(産)'이 쓰이지 않은 어휘를 찾아 ○ 하세요.

산업   계산   생산   산업 혁명   문화유산

5 문장을 각각 읽고 밑줄 친 곳에 들어갈 알맞은 어휘를 찾아 연결하세요.

_____을 통해 조상들의 생활 모습과 지혜를 배울 수 있다. •	• 생산
날씨와 자연환경에 따라 지역마다 발달한 _____이 다르다. •	• 원산지
벼농사, 고기잡이, 모바일 게임 개발은 모두 _____ 활동이다. •	• 문화유산
모든 음식점은 재료에 대해 _____를 표시해야 한다. •	• 산업

6 제시된 어휘 중 알맞은 것을 활용하여 문장을 완성하세요.

원산지 vs 특산물	💬 순창 고추장, 영광 굴비, 청양 고추 등 지역마다 유명한 _____ 있다.
저출산 vs 부동산	💬 _____ 인해 학생 수가 줄고, 폐교하는 학교도 늘어나고 있다.

한자의 뜻과 음을 확인하고 따라 쓰세요.

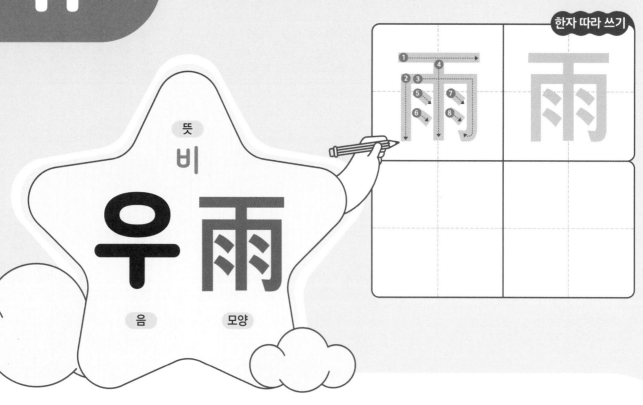

한자 따라 쓰기

뜻

비

우 雨

음   모양

✏️ **기본 교과 어휘**

1 '우(雨)'가 들어간 어휘를 읽어 보고, 뜻풀이에서 한자의 뜻과 연관된 글자에 ○ 하세요.

측우기

측雨기

잴 **측** 비 **우** 그릇 **기**

조선 시대에 (비)의 양을
재기 위해 만든 기구

강우량

강雨량

내릴 **강** 비 **우** 헤아릴 **량**

일정한 기간 동안 내린 **비**의 양

💡 아래 글을 읽고 질문에 답하세요.

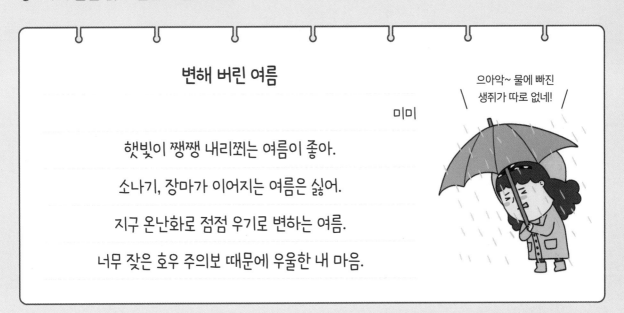

변해 버린 여름

미미

으아악~ 물에 빠진
생쥐가 따로 없네!

햇빛이 쨍쨍 내리쬐는 여름이 좋아.

소나기, 장마가 이어지는 여름은 싫어.

지구 온난화로 점점 우기로 변하는 여름.

너무 잦은 호우 주의보 때문에 우울한 내 마음.

11
일차

· 미미는 지구 온난화의 영향으로 여름이 어떻게 변하고 있다고 했나요?

　　　　　　💬 소나기, 장마가 이어지며 점점 ＿＿＿＿＿＿＿로 바뀌고 있다.

· 미미가 우울한 이유는 무엇인가요?

　　　　　　　　　💬 너무 잦은 ＿＿＿＿＿＿ 때문이다.

집중 호우

집중 호雨

모을 **집** 가운데 **중** 호걸 **호** 비 **우**

짧은 시간 동안 한 지역에
쏟아지는 많은 양의 **비**

기우제

기雨제

빌 **기** 비 **우** 제사 **제**

비가 오지 않을 때
비가 오기를 비는 제사

2 뜻풀이를 각각 읽고 빈칸을 채워 어휘를 완성하세요.

많은 비가 내려 홍수, 화재 등
피해가 생길 가능성이 있을 때
기상청에서 내리는 발표

호 [ ] 주의보

비가 내린 양을 재는 기구

[ ] 량계

雨

일 년 중 비가 많이 오는 시기

[ ] 기

사람의 힘으로 비가
내리게 하는 일

인공 강 [ ]

3 '우(雨)'의 뜻을 떠올리며 밑줄 친 곳에 공통으로 들어갈 글자를 쓰세요.

강우량은 일정한 기간 동안
내린 _____의 양이야.

우기는 일 년 중 _____가
많이 오는 시기를 말하지.

✎ _____

4 다음 중 '우(雨)'가 쓰이지 않은 어휘를 찾아 ○ 하세요.

강우량   집중 호우   우량계   우회전   우기

5 문장을 각각 읽고 밑줄 친 곳에 들어갈 알맞은 어휘를 찾아 연결하세요.

장영실은 _____로 빗물을 받아 강우량을 측정했다.	호우 주의보
태풍이 다가오자 기상청에서는 남해안에 _____를 내렸다.	측우기
우리 조상들은 가뭄이 들 때마다 _____를 지냈다.	우기
_____에는 비가 자주 내려 습도가 높다.	기우제

6 제시된 어휘 중 알맞은 것을 활용하여 문장을 완성하세요.

측우기
vs
강우량

✎ _____ 나타낼 때는

밀리미터(mm)로 표시한다.

집중 호우
vs
인공 강우

✎ 중국에서는 미세 먼지, 황사를 없애기 위해

_____ 이용한 실험을 실시했다.

12 일차

한자의 뜻과 음을 확인하고 따라 쓰세요.

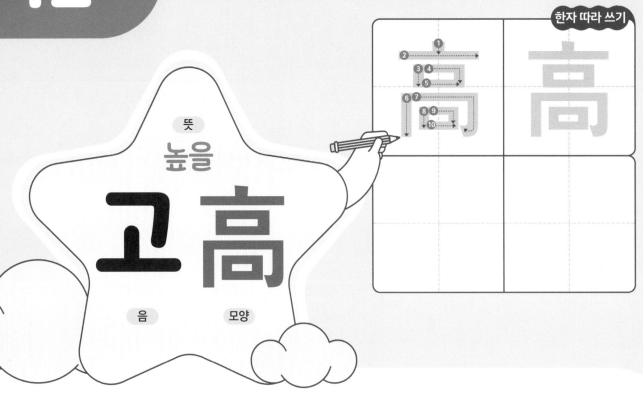

한자 따라 쓰기

뜻
높을

고 高

음   모양

✏️ 기본 교과 어휘

1 '고(高)'가 들어간 어휘를 읽어 보고, 뜻풀이에서 한자의 뜻과 연관된 글자에 ○ 하세요.

고속 도로
高속 도로

높을 고 빠를 속 길 도 길 로

자동차가 (빠르게) 달리기 위해 만든
자동차 전용 도로

등고선
등高선

같을 등 높을 고 선 선

지도에서 **높이**가 같은 곳을
이은 선으로, 땅의 높낮이를 나타냄

💡 아래 글을 읽고 질문에 답하세요.

11월 5일 토요일 비가 보슬보슬

12
일차

제목 : 할머니의 생신

할머니의 생신을 축하드리기 위해 시골에 내려갔다. 뻥 뚫린 고속 도로를 타고 갔더니 금세 도착했다. 할머니는 나와 오빠를 반갑게 맞아 주시며, 고령화 때문에 시골에는 우리 같은 어린이가 귀하다고 말씀하셨다. 할머니를 더 자주 찾아 뵈어야겠다.

귀여운 명명이가 보너스로
노래 한 곡 더 뽑아 볼게요~

• 명명이네 가족은 어떻게 금방 시골에 도착할 수 있었나요?

💬 뻥 뚫린 ＿＿＿＿＿＿＿를 탔기 때문이다.

• 시골에는 왜 어린이가 귀한가요?

💬 ＿＿＿＿＿＿＿ 때문에 어린이가 많지 않기 때문이다.

고**구려**

高**구려**

높을 고 구절 구 고울 려

‘**큰 고을**’이라는 뜻의 기원전 37년, 주몽이 압록강 유역을 중심으로 세운 나라

고려

高려

높을 고 고울 려

고구려의 전통을 이어 나가고자, 918년 왕건이 궁예를 내쫓고 개성에 세운 나라

2 뜻풀이를 각각 읽고 빈칸을 채워 어휘를 완성하세요.

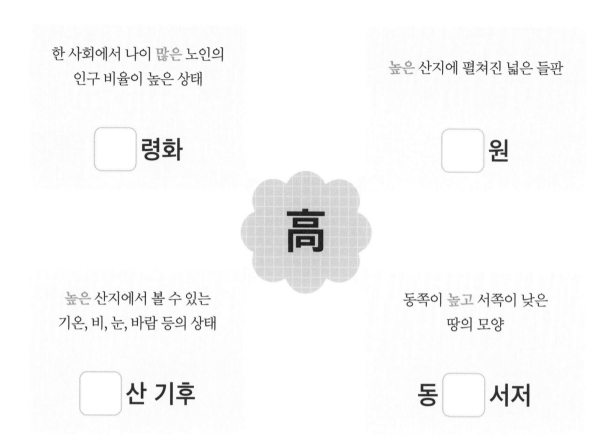

한 사회에서 나이 많은 노인의
인구 비율이 높은 상태

◻ 령화

높은 산지에 펼쳐진 넓은 들판

◻ 원

高

높은 산지에서 볼 수 있는
기온, 비, 눈, 바람 등의 상태

◻ 산 기후

동쪽이 높고 서쪽이 낮은
땅의 모양

동 ◻ 서저

3 '고(高)'의 뜻을 떠올리며 밑줄 친 곳에 공통으로 들어갈 글자를 쓰세요.

고원은 _____ 산지에
펼쳐진 넓은 들판이에요.

고산 기후는 _____ 산지에서
볼 수 있는 기온, 비, 눈, 바람
등의 상태를 나타내지.

4 다음 중 '고(高)'가 쓰이지 않은 어휘를 찾아 ◯ 하세요.

등고선   고속 도로   고원   동고서저   고장

12
일차

5 문장을 각각 읽고 밑줄 친 곳에 들어갈 알맞은 어휘를 찾아 연결하세요.

_____의 간격이 좁을수록 경사가 급하고, 넓을수록 완만하다.   •   •   고려

우리나라의 _____은 해발 고도가 높고, 서늘한 기후 때문에 고랭지 농업이 발달했다.   •   •   고령화

_____로 인해 노인 대학, 노인 전문 병원 등이 늘어나고 있다.   •   •   고원

태조 왕건은 신라, 후백제, 후고구려로 분열된 나라를 통일하여 _____를 세웠다.   •   •   등고선

6 제시된 어휘 중 알맞은 것을 활용하여 문장을 완성하세요.

고구려
VS
고려

✐ 주몽이 세운 _____ 광개토 대왕 때,

가장 넓은 땅을 차지하며 전성기를 맞았다.

고산 기후
VS
동고서저

✐ 우리나라는 동쪽에 산이 많고, 하천이 서쪽으로 흐르는

_____ 지형이다.

공부한 날 _____ 월 _____ 일

한자의 뜻과 음을 확인하고 따라 쓰세요.

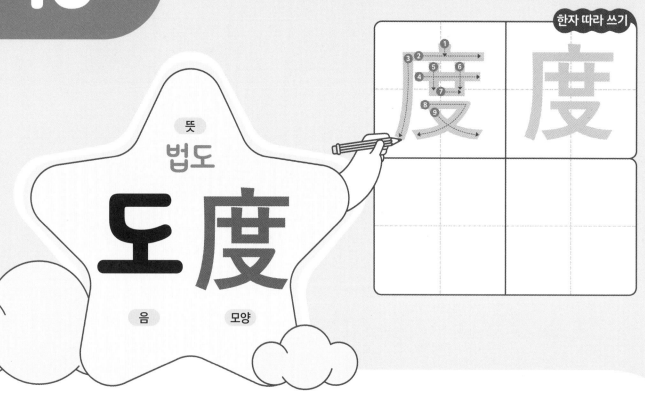

뜻
법도

도 度

음   모양

한자 따라 쓰기

✎ 기본 교과 어휘

1 '도(度)'가 들어간 어휘를 읽어 보고, 뜻풀이에서 한자의 뜻과 연관된 글자에 ○ 하세요.

한도
한度
한계 **한** 법도 **도**

수량이나 범위가 제한된

제도
제度
억제할 **제** 법도 **도**

사회를 유지하기 위해
만든 도덕, 법 등의 **규칙**

💡 아래 글을 읽고 질문에 답하세요.

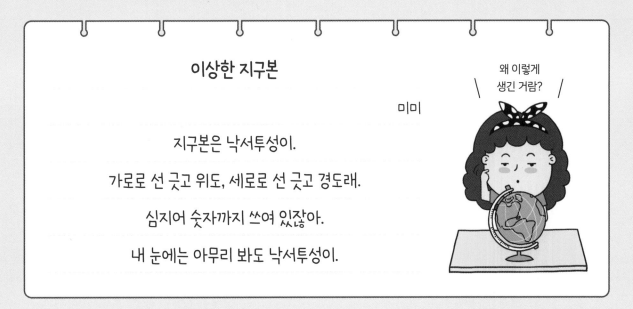

이상한 지구본

왜 이렇게
생긴 거람?

미미

지구본은 낙서투성이.

가로로 선 긋고 위도, 세로로 선 긋고 경도래.

심지어 숫자까지 쓰여 있잖아.

내 눈에는 아무리 봐도 낙서투성이.

13
일차

- 지구본의 가로선을 무엇이라고 하나요?

  ✍ _____

- 지구본의 세로선을 무엇이라고 하나요?

  ✍ _____

위도

위度

씨 **위** 법도 **도**

지구상에서 적도를 기준으로
남북으로 떨어져 있는 **정도**

경도

경度

지날 **경** 법도 **도**

지구상에서 적도를 기준으로
동서로 떨어져 있는 **정도**

2 뜻풀이를 각각 읽고 빈칸을 채워 어휘를 완성하세요.

지역 주민들이 스스로 뽑은
대표를 통해 그 지역의
일을 처리하는 제도

지방 자치 제 ▢

일정한 땅에 살고 있는
사람 수의 정도

인구 밀 ▢

度

한 사건에 대해 세 번의
재판을 받을 수 있는 제도

3심 제 ▢

한 나라가 빌린 돈을 잘 갚는지에
대해 등급을 매겨 평가한 것

국가 신용 ▢

3 '도(度)'의 뜻을 떠올리며 밑줄 친 곳에 공통으로 들어갈 글자를 쓰세요.

경도는 지구상에서
적도를 기준으로 동서로
떨어져 있는 _____ 야.

인구 밀도는 일정한 땅에
살고 있는 사람 수의
_____ 를 나타내지.

4 다음 중 '도(度)'가 쓰이지 않은 어휘를 찾아 ○ 하세요.

| 도덕 | 3심 제도 | 한도 | 경도 | 위도 |

5 문장을 각각 읽고 밑줄 친 곳에 들어갈 알맞은 어휘를 찾아 연결하세요.

1997년 IMF 때 우리나라의 빚이 증가하면서 _____가 떨어졌다. •

조선 시대에는 신분 _____가 엄격해서 왕족, 양반, 평민, 천민 등으로 구분했다. •

서울처럼 _____가 높은 곳은 건물이 높고, 교통이 발달한 경우가 많다. •

총총이 아빠의 카드 사용 금액이 _____를 넘어서자, 카드가 정지되었다. •

• 제도

• 인구 밀도

• 한도

• 국가 신용도

6 제시된 어휘 중 알맞은 것을 활용하여 문장을 완성하세요.

위도
VS
경도

✎ 해방 이후, 우리나라는 미국과 소련에 의해 _____

38°를 기준으로 남한과 북한으로 나뉘었다.

지방 자치 제도
VS
3심 제도

✎ _____ 통해 지역의 특색과 지역 주민의 요구에

맞는 살림을 할 수 있다.

공부한 날 _____ 월 _____ 일

한자의 뜻과 음을 확인하고 따라 쓰세요.

한자 따라 쓰기

뜻
열

개 開

음   모양

✎ 기본 교과 어휘

1 '개(開)'가 들어간 어휘를 읽어 보고, 뜻풀이에서 한자의 뜻과 연관된 글자에 ◯ 하세요.

개천절

開천절

열 개 하늘 천 마디 절

⬇

단군왕검이 고조선을
세운 것을 기념하는 날

개발

開발

열 개 필 발

⬇

새로운 물건이나 땅, 바다 등의
자연을 쓸모 있게 만듦

💡 **아래 글을 읽고 질문에 답하세요.**

자연을 함부로 개발하지 맙시다!

버려진 땅을 개간해서 쓸모 있게 사용하는 일은 의미가 있다. 하지만 지나치게 땅을 개발한다면 자연에 문제가 생길 수 있다. 깨끗한 공기를 내뿜는 나무가 사라지고, 동물이 살아갈 곳마저 잃어버리기 때문이다. 인간의 이기심으로 자연을 파괴해서는 안 된다.

자연은 영원한 친구야~

14
일차

- 땅을 쓸모 있게 사용하는 방법에는 무엇이 있나요?

  ✍ 버려진 땅을 _____하기

- 총총이는 나무가 사라지고, 동물이 살아갈 곳을 잃는 이유를 무엇이라고 생각하나요?

  ✍ 지나치게 땅을 _____했기 때문이다.

개방
開방
열 **개** 놓을 **방**

⬇

금지하던 것을 **풀고** 자유롭게
드나들게 함

개표
開표
열 **개** 표 **표**

⬇

투표함을 **열어**
투표의 결과를 확인함

67

2 뜻풀이를 각각 읽고 빈칸을 채워 어휘를 완성하세요.

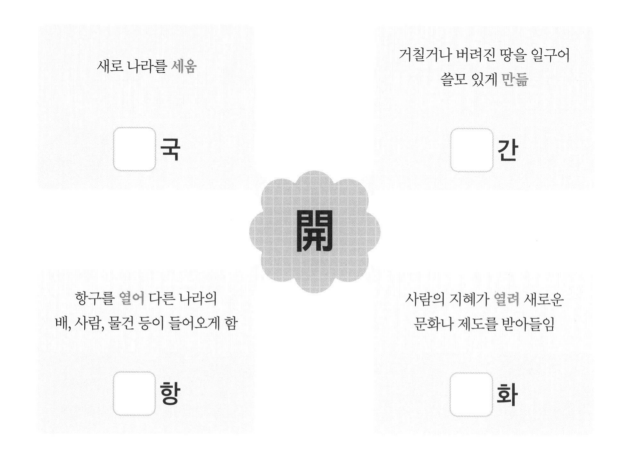

새로 나라를 세움

☐국

거칠거나 버려진 땅을 일구어
쓸모 있게 만듦

☐간

開

항구를 열어 다른 나라의
배, 사람, 물건 등이 들어오게 함

☐항

사람의 지혜가 열려 새로운
문화나 제도를 받아들임

☐화

3 '개(開)'의 뜻을 떠올리며 밑줄 친 곳에 공통으로 들어갈 글자를 쓰세요.

개표는 투표함을 _____ 투표의 결과를 확인하는 거야.

개항은 항구를 _____ 다른 나라의 배, 사람, 물건 등이 들어오게 하는 거지.

4 다음 중 '개(開)'가 쓰이지 않은 어휘를 찾아 ○ 하세요.

개발   개국   개천절   번개   개화

5 문장을 각각 읽고 밑줄 친 곳에 들어갈 알맞은 어휘를 찾아 연결하세요.

_____가 시작되자 대통령 후보자들의 얼굴에 긴장감이 감돌았다.	개표
10월 3일은 우리나라 최초의 국가인 고조선의 탄생을 기리는 _____이다.	개천절
총총이 할머니는 버려진 땅을 _____하여 농사를 지었다.	개간
이성계는 조선을 세우는 데 큰 공을 세운 신하들에게 '_____ 공신'이라는 칭호를 내렸다.	개국

6 제시된 어휘 중 알맞은 것을 활용하여 문장을 완성하세요.

개표
vs
개화

✐ 홍선 대원군은 _____ 반대하며 왕권을 바로

세우고, 백성들의 생활을 돌보는 일이 우선이라고 주장했다.

개발
vs
개항

✐ 조선은 _____ 이후, 일본과 청에 사신을

파견하여 근대 문물을 적극적으로 받아들였다.

어휘랑 총정리

1 빈칸에 공통으로 들어가는 글자를 찾아 연결하세요.

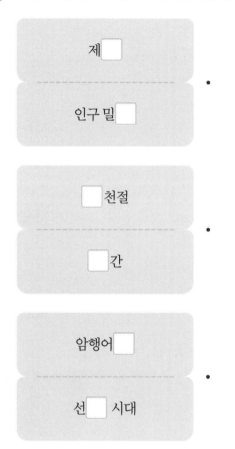

제□

인구 밀□

□천절

□간

암행어□

선□ 시대

법도 도(度)

역사 사(史)

열 개(開)

2 문장을 각각 읽고 내용에 알맞은 어휘를 골라 ○ 하세요.

 며칠 간의 (집중 호우 / 인공 강우 / 측우기 / 기우제)로 하천의 물이 흘러넘쳤다.

며칠 간의 불국사와 석굴암은 우리의 소중한 (생산 / 부동산 / 특산물 / 문화유산)이다.

명명이네 집 근처 공사장에서 (**선사** 시대 / **사적** / **사초** / **사료**) 주먹 도끼가 발견되었다.

농촌에서는 (**등고선** / **고구려** / **고속 도로** / **고령화**) 현상으로 인해 일손이 부족하다.

3 채팅 속 빈칸에 들어갈 글자를 쓰고, 같은 한자가 들어간 어휘를 찾아 묶으세요.

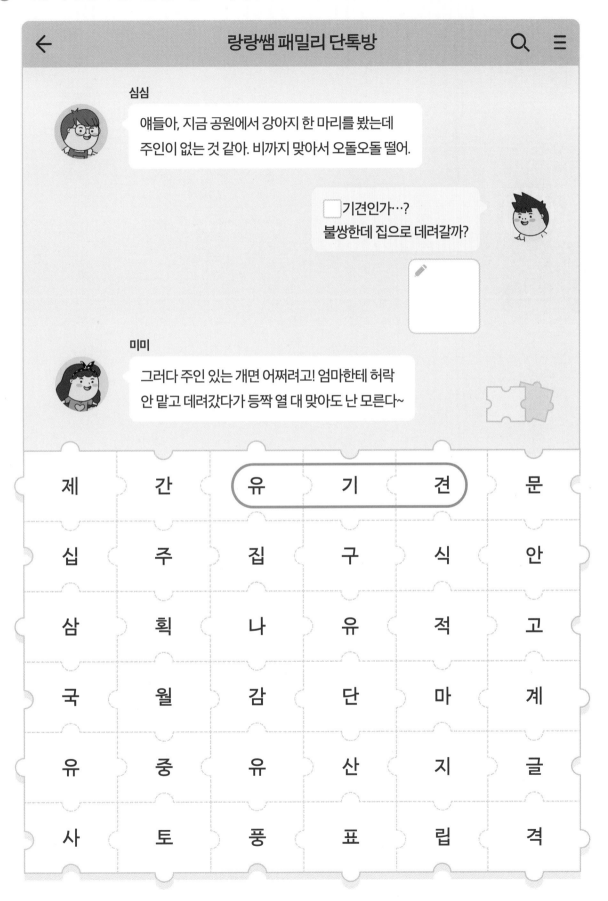

랑랑쌤 패밀리 단톡방

심심
얘들아, 지금 공원에서 강아지 한 마리를 봤는데
주인이 없는 것 같아. 비까지 맞아서 오돌오돌 떨어.

☐ 기견인가…?
불쌍한데 집으로 데려갈까?

미미
그러다 주인 있는 개면 어쩌려고! 엄마한테 허락
안 맡고 데려갔다가 등짝 열 대 맞아도 난 모른다~

제	간	유	기	견	문
십	주	집	구	식	안
삼	획	나	유	적	고
국	월	감	단	마	계
유	중	유	산	지	글
사	토	풍	표	립	격

4 가로세로 열쇠의 뜻풀이를 읽고 퍼즐을 완성하세요.

❶① 정(政)			②		② 산(産)
❸③ 고(高)			④		
			④ 선(選)		

가로 열쇠

① 정치에 대해 비슷한 생각을 가진 사람들이 모여서 만든 단체

② 아이를 적게 낳음

③ 높은 산지에 펼쳐진 넓은 들판

④ 여럿 가운데서 필요한 것을 골라 뽑음

세로 열쇠

① 나라를 다스리는 일 또는 사람들 사이에서 생기는 문제를 해결하는 활동

② 사람이 생활하는 데 필요한 물건이나 서비스를 만들어 내는 모든 활동

③ 높은 산지에서 볼 수 있는 기온, 비, 눈, 바람 등의 상태

④ 누구에게 투표했는지 다른 사람이 알 수 없는 선거

5 보기 속 어휘를 활용하여 문장을 완성하세요.

> **보기**
>
> 역사　　고속 도로　　선거권　　원산지　　위도

예시 이웃 나라인 일본과 중국은 우리나라와 __위도가__ 비슷하다.

총총이 엄마는 물건을 살 때 ＿＿＿＿＿＿＿＿＿＿＿ 꼭 확인한다.

우리나라는 만 18세 이상이면 누구에게나 ＿＿＿＿＿＿＿＿＿＿＿ 주어진다.

명절에 고향에 내려가는 사람들로 ＿＿＿＿＿＿＿＿＿＿＿ 막혔다.

우주에 관심이 많은 심심이는 로켓의 ＿＿＿＿＿＿＿＿＿＿＿ 대해 공부했다.

6 제시된 어휘를 활용하여 문장을 만드세요.

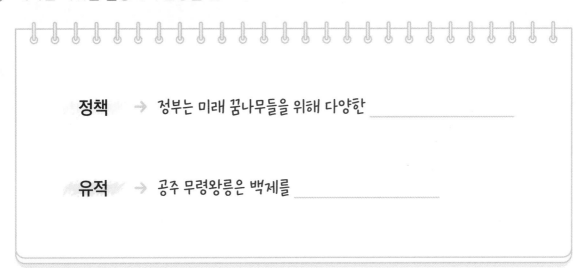

정책 → 정부는 미래 꿈나무들을 위해 다양한 ＿＿＿＿＿＿＿＿＿＿

유적 → 공주 무령왕릉은 백제를 ＿＿＿＿＿＿＿＿＿

Ⅲ

수학·과학

매일 4쪽씩
재미있게 공부해요!

面
낮 면

- 면
- 면적
- 밑면
- 옆면

平
평평할 평

- 평균
- 수평
- 평행
- 평행선

對
대할 대

- 대칭
- 대응
- 대응점
- 대응변

比
견줄 비

- 비
- 비율
- 비례
- 대비

覺
깨달을 각

- 감각 기관
- 시각
- 청각
- 미각

解
풀 해

- 해열제
- 분해
- 해부
- 해독

光
빛 광

- 광합성
- 야광
- 발광
- 형광

星
별 성

- 북두칠성
- 행성
- 인공위성
- 금성

球
공 구

- 지구
- 전구
- 안구
- 기구

한자의 뜻과 음을 확인하고 따라 쓰세요.

한자 따라 쓰기

뜻
낮
음

면 面

모양

✏️ 기본 교과 어휘

1 '면(面)'이 들어간 어휘를 읽어 보고, 뜻풀이에서 한자의 뜻과 연관된 글자에 ◯ 하세요.

면

面

낮 면

도형에서 선으로 둘러싸인 부분

면적

面적

낮 면 쌓을 적

공간을 차지하는 **면**의 크기

💡 **아래 글을 읽고 질문에 답하세요.**

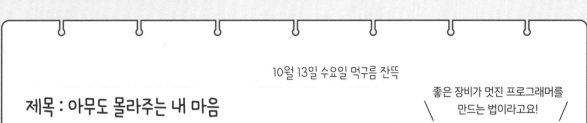

10월 13일 수요일 먹구름 잔뜩

제목 : 아무도 몰라주는 내 마음

수학 시험 100점 맞은 기념으로, 엄마께 게임용 곡면 모니터를 사 달라고 졸랐다. 엄마는 내 책상이 그렇게 큰 모니터를 놓을 만한 면적이 안 된다고 하셨다. 그러면 책상도 바꿔 달라고 했더니, 더 혼나기만 했다. 깜짝 선물을 기대했는데 너무 속상했다.

좋은 장비가 멋진 프로그래머를 만드는 법이라고요!

15
일차

- 총총이는 엄마에게 무엇을 졸랐나요?

  💬 게임용 _____ 모니터를 사 달라고 했다.

- 엄마가 총총이의 바람을 들어주지 못한 이유는 무엇인가요?

  💬 총총이 책상은 큰 모니터를 놓을 만한 _____ 이 안 되기 때문이다.

밑면

밑面

밑 낮 면

서로 만나지 않거나 모양과 크기가
같아서 포개었을 때 완전히 겹쳐지는 **면**

옆면

옆面

옆 낮 면

밑면과 만나거나 수직인 **면**

2 뜻풀이를 각각 읽고 빈칸을 채워 어휘를 완성하세요.

공처럼 굽은 면

곡 ☐

입체 도형을 평평하게 잘랐을 때
생기는 면

단 ☐

面

다각형의 면으로 둘러싸인
입체 도형

다 ☐ 체

정사각형 모양의 여섯 개
면으로 둘러싸인 도형

정육 ☐ 체

3 '면(面)'의 뜻을 떠올리며 밑줄 친 곳에 공통으로 들어갈 글자를 쓰세요.

옆면은 밑면과 만나거나
수직인 _____이야.

정육면체는 정사각형 모양의
여섯 개 _____으로
둘러싸인 도형을 말하지.

4 다음 중 '면(面)'이 쓰이지 않은 어휘를 찾아 ◯ 하세요.

> 면적   밑면   곡면   다면체   면역

5 문장을 각각 읽고 밑줄 친 곳에 들어갈 알맞은 어휘를 찾아 연결하세요.

가전 매장에 간 랑랑쌤은 평면 티비와 _____ 티비 중 무엇을 살지 고민에 빠졌다.   •   •   면

_____는 면의 개수에 따라 사면체, 오면체 등으로 나뉜다.   •   •   다면체

직사각형의 _____을 구하는 방법은 (가로의 길이)×(세로의 길이)이다.   •   •   곡면

주사위는 여섯 개의 _____이 있다.   •   •   면적

6 제시된 어휘 중 알맞은 것을 활용하여 문장을 완성하세요.

밑면	
vs	💬 각뿔의 옆면은 삼각형이고, _____ 모양에 따라
곡면	삼각뿔, 사각뿔 등으로 구분한다.

정육면체	
vs	💬 _____ 여섯 개의 면과 열두 개의 모서리,
다면체	여덟 개의 꼭짓점이 있다.

한자의 뜻과 음을 확인하고 따라 쓰세요.

한자 따라 쓰기

뜻
평평할

평 平

음   모양

📝 기본 교과 어휘

1 '평(平)'이 들어간 어휘를 읽어 보고, 뜻풀이에서 한자의 뜻과 연관된 글자에 ○ 하세요.

평균

平균

평평할 **평** 고를 **균**

여러 수나 양의 중간값으로,
자료 전체의 합을 개수로 나눔

수평

수平

물 수 평평할 **평**

어느 한쪽으로 기울지 않고
평평한 상태

💡 **아래 글을 읽고 질문에 답하세요.**

총총이와 명명이에게

요즘 너희는 툭 하면 사소한 일로 다투더라. 평행선을 달리는 너희를 볼 때마다 엄마가 얼마나 속상한지 아니? 각자의 의견이 맞다며 싸우는 너희 사이에서 수평을 유지하고 싶지만, 쉽지 않구나. 엄마의 마음을 생각해서라도, 서로 아끼고 배려하면서 사이좋게 지내면 좋겠구나.　　　　　　　 － 엄마가

휴, 엄마 역할도 쉽지 않다니까~

• 요즘 총총이와 명명이의 관계는 어떤가요?

　　　　　　💬 사소한 일로 다투며 ＿＿＿＿＿＿＿을 달린다.

• 총총이 엄마는 어떤 고민을 가지고 있나요?

　　　　　　💬 남매 사이에서 ＿＿＿＿＿＿＿을 유지하고 싶지만, 쉽지 않다.

평행
平행
평평할 **평** 다닐 **행**

직선과 직선, 면과 면, 직선과 면이
나란히 있어 서로 만나지 않음

평행선
平행선
평평할 **평** 다닐 **행** 선 **선**

서로 **평행**인 두 직선

2 뜻풀이를 각각 읽고 빈칸을 채워 어휘를 완성하세요.

마주 보는 두 쌍의
변이 각각 **평행**인 사각형

☐ 행 사변형

도형의 각 점을 같은 방향으로
같은 거리만큼 **나란히** 옮기는 것

☐ 행 이동

平

평평한 면에 그려진 도형

☐ 면 도형

각의 두 변이 **직선**을 이루는
각으로, 180°를 뜻함

☐ 각

3 '평(平)'의 뜻을 떠올리며 밑줄 친 곳에 공통으로 들어갈 글자를 쓰세요.

수평은 어느 한쪽으로
기울지 않고 _____
상태야.

평면 도형은 _____ 면에
그려진 도형을 가리키지.

4 다음 중 '평(平)'이 쓰이지 않은 어휘를 찾아 ○ 하세요.

| 평균 | 평각 | 평가 | 수평 | 평행 |

5 문장을 각각 읽고 밑줄 친 곳에 들어갈 알맞은 어휘를 찾아 연결하세요.

| _____ 사이의 거리를 수직으로 재면 어디에서나 길이가 같다. | • | • | 수평 |

| 미미와 명명이가 탄 시소가 _____을 이루었다. | • | • | 평각 |

| 심심이는 시험 성적 _____ 점수가 올라서 기분이 좋았다. | • | • | 평행선 |

| 시곗바늘이 _____을 이루며 6시를 가리켰다. | • | • | 평균 |

6 제시된 어휘 중 알맞은 것을 활용하여 문장을 완성하세요.

평균
vs
평행

✍ 원기둥의 두 밑면은 서로 _____

평각
vs
수평

✍ 양팔 저울은 _____ 잡기 원리를 이용하여

무게나 질량을 측정한다.

한자의 뜻과 음을 확인하고 따라 쓰세요.

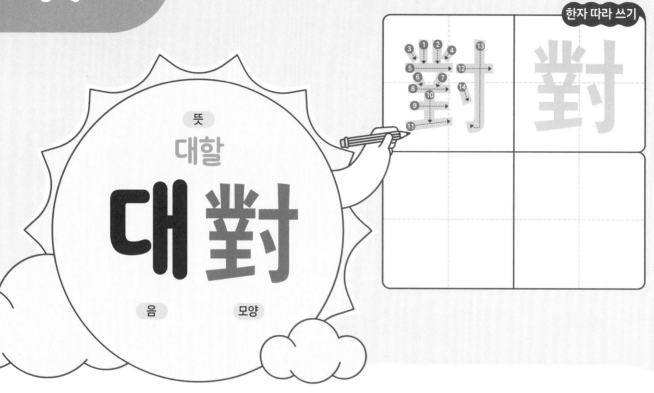

뜻
대할

대 對

음   모양

한자 따라 쓰기

기본 교과 어휘

1 '대(對)'가 들어간 어휘를 읽어 보고, 뜻풀이에서 한자의 뜻과 연관된 글자에 ○ 하세요.

대칭

對칭

대할 대 일컬을 칭

기준이 되는 점·선·면을 사이에 두고
같은 거리에서 **마주 보는** 것

대응

對응

대할 대 응할 응

두 대상이 주어진 관계에 의해
서로 **짝이 되는** 것

💡 **아래 글을 읽고 질문에 답하세요.**

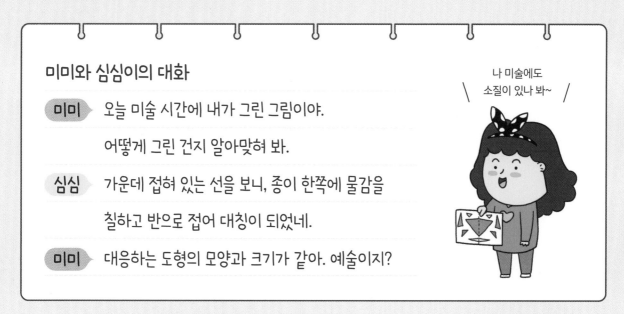

미미와 심심이의 대화

미미 오늘 미술 시간에 내가 그린 그림이야.

어떻게 그린 건지 알아맞혀 봐.

심심 가운데 접혀 있는 선을 보니, 종이 한쪽에 물감을

칠하고 반으로 접어 대칭이 되었네.

미미 대응하는 도형의 모양과 크기가 같아. 예술이지?

나 미술에도
소질이 있나 봐~

• 미미는 어떻게 그림을 그렸나요?

💬 종이 한쪽에 물감을 칠하고 ＿＿＿＿＿＿ 이 되게 접었다.

• 미미의 그림은 어떤 형태를 띠고 있나요?

💬 ＿＿＿＿＿＿ 하는 도형의 모양과 크기가 같다.

대응점

對응점

대할 **대** 응할 **응** 점 **점**

⬇

모양과 크기가 같은 두 도형을
포개었을 때 겹쳐지는 점

대응변

對응변

대할 **대** 응할 **응** 가 **변**

⬇

모양과 크기가 같은 두 도형을
포개었을 때 겹쳐지는 변

2 뜻풀이를 각각 읽고 빈칸을 채워 어휘를 완성하세요.

모양과 크기가 같은 두 도형을
포개었을 때 겹쳐지는 각

☐ 응각

직선을 사이에 두고
완전히 겹치는 대칭

선 ☐ 칭

對

한 직선을 기준으로 두 도형이
겹쳐질 때, 그 직선을 뜻함

☐ 칭축

점을 중심으로 180° 회전했을 때,
완전히 겹치는 대칭

점 ☐ 칭

3 '대(對)'의 뜻을 떠올리며 밑줄 친 곳에 공통으로 들어갈 글자를 쓰세요.

선대칭은 직선을 사이에
두고 완전히 겹치는
_____ 이야.

점대칭은 점을 중심으로
180° 회전했을 때, 완전히
겹치는 _____ 을 가리키지.

_____

정답 20쪽

4 다음 중 '대(對)'가 쓰이지 않은 어휘를 찾아 ○ 하세요.

대응점   대각선   대칭축   선대칭   대학교

5 문장을 각각 읽고 밑줄 친 곳에 들어갈 알맞은 어휘를 찾아 연결하세요.

합동인 두 도형을 포개면 겹쳐지는 변이 _____이다.	대칭축
사각형의 _____ 개수는 두 개이다.	대응각
종이를 접었다가 펼쳐서 똑같은 그림이 생길 때, 접은 자리를 _____이라고 한다.	대각선
합동인 두 도형을 포개면 겹쳐지는 각이 _____이다.	대응변

6 제시된 어휘 중 알맞은 것을 활용하여 문장을 완성하세요.

대칭
vs
대응

💬 잠자리의 양쪽 날개는 몸통을 중심으로 _____

이룬다.

대칭축
vs
대응각

💬 선대칭 도형은 _____ 기준으로

서로 합동이다.

한자의 뜻과 음을 확인하고 따라 쓰세요.

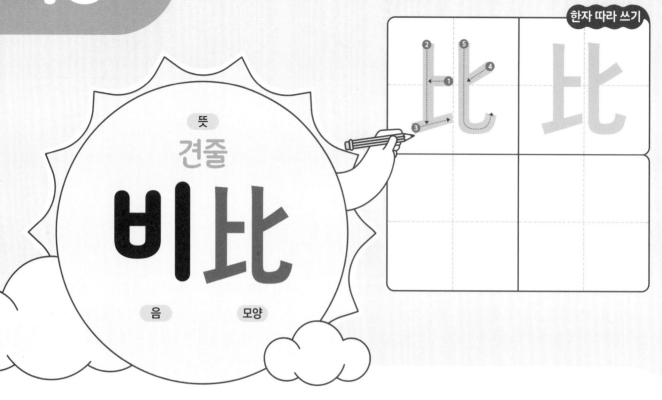

한자 따라 쓰기

뜻
견줄

비比

음   모양

✏️ 기본 교과 어휘

1 '비(比)'가 들어간 어휘를 읽어 보고, 뜻풀이에서 한자의 뜻과 연관된 글자에 ◯ 하세요.

비
比
견줄 비

두 수나 양을 서로 **견주어**
몇 배인지를 나타내는 관계로, :로 표시함

비율
比율
견줄 비 율 율

두 수나 양을 서로 **견주어**
분수, 소수로 나타낸 것

💡 아래 글을 읽고 질문에 답하세요.

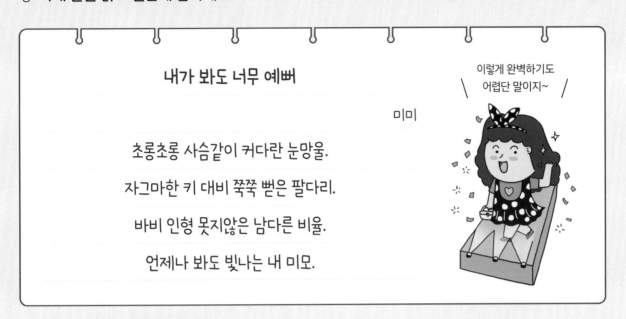

내가 봐도 너무 예뻐

미미

이렇게 완벽하기도
어렵단 말이지~

초롱초롱 사슴같이 커다란 눈망울.

자그마한 키 대비 쭉쭉 뻗은 팔다리.

바비 인형 못지않은 남다른 비율.

언제나 봐도 빛나는 내 미모.

18
일차

• 미미는 어떤 체형을 가졌나요?

　　💬 작은 키 ＿＿＿＿＿＿ 팔다리가 길다.

• 미미는 자신의 체형에 대해 어떻게 평가하나요?

　　💬 바비 인형 못지않은 ＿＿＿＿＿＿을 가지고 있다.

비례

比례

견줄 **비** 법식 **례**

한쪽과 **견주어** 다른 쪽도 함께
변하는 관계

대비

대比

대할 **대** 견줄 **비**

두 가지의 차이를 밝히기 위해
서로 **견줌**

2 뜻풀이를 각각 읽고 빈칸을 채워 어휘를 완성하세요.

한쪽이 커질 때 다른 쪽도
같은 비로 늘어나는 관계

정 ☐ 례

한쪽이 커질 때 다른 쪽은
같은 비로 작아지는 관계

반 ☐ 례

比

두 개의 비가 같음을
나타내는 식

☐ 례식

전체를 주어진 비로 나누는 일

☐ 례 배분

3 '비(比)'의 뜻을 떠올리며 밑줄 친 곳에 공통으로 들어갈 글자를 쓰세요.

정비례는 한쪽이 커질 때 다른 쪽도 같은 _____로 늘어나는 관계야.

반비례는 한쪽이 커질 때 다른 쪽은 같은 _____로 작아지는 관계를 말하지.

정답 21쪽

4 다음 중 '비(比)'가 쓰이지 않은 어휘를 찾아 ○ 하세요.

비율   비례   소비   비례 배분   대비

5 문장을 각각 읽고 밑줄 친 곳에 들어갈 알맞은 어휘를 찾아 연결하세요.

랑랑쌤네 반은 20명이고 그중 남학생은 13명이므로, 남학생의 _____ 은 $\frac{13}{20}$ 이다.   •

•   대비

최근 이탈리아는 관광객이 늘어나는 것과 _____ 해 그곳에 사는 인구는 크게 줄었다.   •

•   비율

총총이의 2학기 성적 평균은 작년 _____ 10점이나 올랐다.   •

•   반비례

바둑판 위에 있는 흰 바둑돌과 검은 바둑돌의 _____ 는 2 : 1이다.   •

•   비

6 제시된 어휘 중 알맞은 것을 활용하여 문장을 완성하세요.

정비례
vs
반비례

✎ 자전거가 늘어날수록 바퀴 수도 일정하게 증가하므로

자전거 수와 바퀴 개수는 _____

대비
vs
비율

✎ 밀가루 가격의 상승으로 과자 가격이 작년과

_____ 크게 올랐다.

공부한 날 _____ 월 _____ 일

한자의 뜻과 음을 확인하고 따라 쓰세요.

한자 따라 쓰기

뜻
깨달을

각 覺

음   모양

✏️ **기본 교과 어휘**

1 '각(覺)'이 들어간 어휘를 읽어 보고, 뜻풀이에서 한자의 뜻과 연관된 글자에 ◯ 하세요.

감각 기관

감覺 기관

느낄 **감** 깨달을 **각** 그릇 **기** 벼슬 **관**

주변의 자극을 느끼고
⟨받아들이는⟩ 기관

시각

시覺

볼 **시** 깨달을 **각**

눈으로 빛을 느끼는 **감각**

정답 **22쪽**

💡 **아래 글을 읽고 질문에 답하세요.**

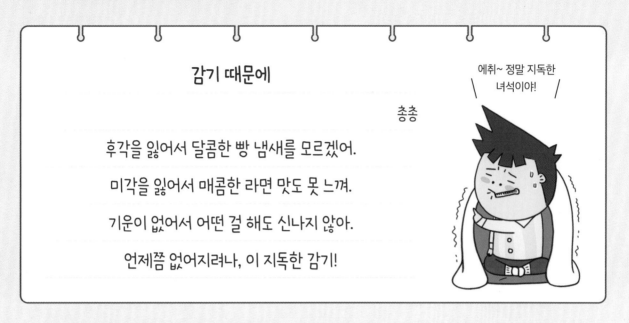

감기 때문에

에취~ 정말 지독한 녀석이야!

총총

후각을 잃어서 달콤한 빵 냄새를 모르겠어.

미각을 잃어서 매콤한 라면 맛도 못 느껴.

기운이 없어서 어떤 걸 해도 신나지 않아.

언제쯤 없어지려나, 이 지독한 감기!

• 총총이가 빵 냄새를 맡지 못하는 이유는 무엇인가요?

  ✏️ 감기에 걸려서 _____을 잃었기 때문이다.

• 총총이가 라면 맛을 느끼지 못하는 이유는 무엇인가요?

  ✏️ 감기에 걸려서 _____을 잃었기 때문이다.

청각

청覺

들을 청 깨달을 각

귀로 소리를 느끼는 **감각**

미각

미覺

맛 **미** 깨달을 각

혀로 맛을 느끼는 **감각**

2 뜻풀이를 각각 읽고 빈칸을 채워 어휘를 완성하세요.

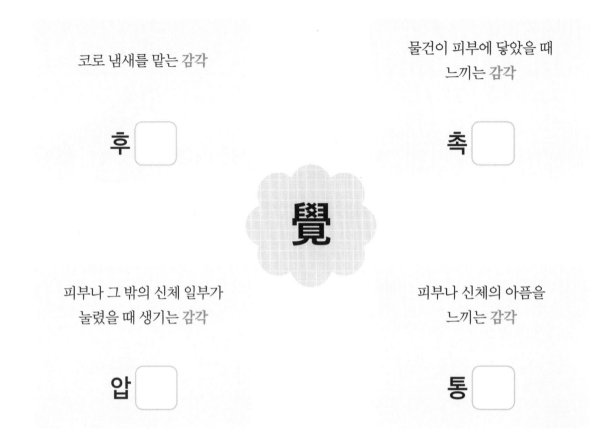

코로 냄새를 맡는 **감각**

후 □

물건이 피부에 닿았을 때
느끼는 **감각**

촉 □

覺

피부나 그 밖의 신체 일부가
눌렸을 때 생기는 **감각**

압 □

피부나 신체의 아픔을
느끼는 **감각**

통 □

3 '각(覺)'의 뜻을 떠올리며 밑줄 친 곳에 공통으로 들어갈 글자를 쓰세요.

청각은 귀로 소리를 느끼는
_____ 이야.

촉각은 물건이 피부에
닿았을 때 느끼는
_____ 이지.

4 다음 중 '각(覺)'이 쓰이지 않은 어휘를 찾아 ○ 하세요.

후각　　　시각　　　각도기　　　미각　　　감각 기관

5 문장을 각각 읽고 밑줄 친 곳에 들어갈 알맞은 어휘를 찾아 연결하세요.

매운맛은 맛이 아닌 혀의 통점을 자극하는 _____ 에 해당한다. ・　　・ 미각

사람은 나이가 들면 _____ 이 둔해져 쓴맛, 짠맛, 신맛 등을 잘 느끼지 못한다. ・　　・ 시각

_____ 장애인을 위해 점자 교재를 만드는 기관이 늘고 있다. ・　　・ 촉각

_____ 이 예민한 아이는 적절한 촉감 놀이를 통해 감각을 발달시켜야 한다. ・　　・ 통각

6 제시된 어휘 중 알맞은 것을 활용하여 문장을 완성하세요.

후각
vs
압각

🖉 간지럼은 다른 사람이 겨드랑이나 발바닥을 자극했을 때 느껴지는

_____

통각
vs
감각 기관

🖉 더듬이는 곤충의 머리 부분에 있는 _____

먹이를 찾고 적을 막는 역할을 한다.

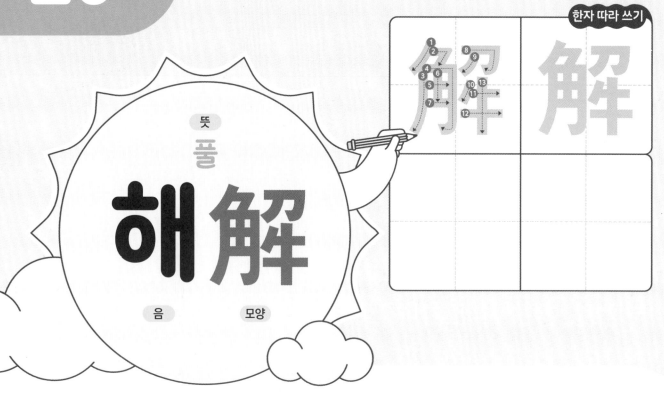
20일차

한자의 뜻과 음을 확인하고 따라 쓰세요.

한자 따라 쓰기

뜻
풀

해解

음   모양

✏️ 기본 교과 어휘

1 '해(解)'가 들어간 어휘를 읽어 보고, 뜻풀이에서 한자의 뜻과 연관된 글자에 ◯ 하세요.

해열제

解열제

풀 해 더울 열 약지을 제

체온이 비정상적으로
높아졌을 때 열을 내리는 약물

분해

분解

나눌 분 풀 해

여러 부분이 결합되어
이루어진 것을 낱낱으로 **나눔**

💡 아래 글을 읽고 질문에 답하세요.

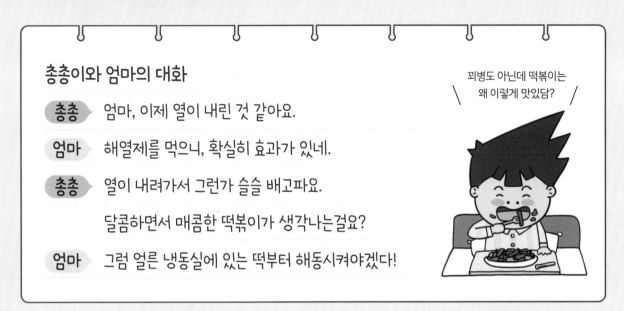

총총이와 엄마의 대화

총총 엄마, 이제 열이 내린 것 같아요.

엄마 해열제를 먹으니, 확실히 효과가 있네.

총총 열이 내려가서 그런가 슬슬 배고파요.

달콤하면서 매콤한 떡볶이가 생각나는걸요?

엄마 그럼 얼른 냉동실에 있는 떡부터 해동시켜야겠다!

꾀병도 아닌데 떡볶이는 왜 이렇게 맛있담?

20
일차

• 총총이는 어떻게 열이 내렸나요?

✍ _____를 먹었다.

• 총총이 엄마는 떡볶이를 만들기 위해 무엇부터 준비했나요?

✍ 냉동실에 있는 떡을 _____했다.

해부

解부

풀 해 쪼갤 부

생물의 일부나 전부를 갈라 **헤쳐**
내부를 조사하는 일

해독

解독

풀 해 독 독

몸 안에 들어간 독을 **없앰**

2 뜻풀이를 각각 읽고 빈칸을 채워 어휘를 완성하세요.

얼었던 것이 녹아서 풀림

☐ 동

얼음이 녹아서 풀림

☐ 빙

解

둘 이상의 물질이 골고루
섞여 녹는 일

용 ☐

고체가 열을 받아
액체로 **변하는** 현상

융 ☐

3 '해(解)'의 뜻을 떠올리며 밑줄 친 곳에 공통으로 들어갈 글자를 쓰세요.

해동은 얼었던 것이
_____ 거예요.

해빙은 얼음이
_____ 거지.

4 다음 중 '해(解)'가 쓰이지 않은 어휘를 찾아 ○ 하세요.

용해   분해   해외   해빙   해독

5 문장을 각각 읽고 밑줄 친 곳에 들어갈 알맞은 어휘를 찾아 연결하세요.

북극 빙하의 _____으로 인해 해수면이 점점 높아지고 있다.   ·   ·   해열제

독사에 물렸을 때 빨리 _____하지 않으면 목숨이 위태로울 수 있다.   ·   ·   해빙

소금이 물에 녹는 현상을 _____라고 한다.   ·   ·   해독

멍멍이는 _____를 먹었는데도 열이 39도를 넘어 응급실에 갔다.   ·   ·   용해

6 제시된 어휘 중 알맞은 것을 활용하여 문장을 완성하세요.

분해
VS
용해

💬 심심이는 고장 난 시계를 _____

부속품을 갈아 끼웠다.

해부
VS
해빙

💬 부검은 사망의 원인을 밝히기 위해 시체를 _____

검사하는 것이다.

한자의 뜻과 음을 확인하고 따라 쓰세요.

한자 따라 쓰기

뜻 **빛**

광 光

음   모양

✏️ 기본 교과 어휘

1 '광(光)'이 들어간 어휘를 읽어 보고, 뜻풀이에서 한자의 뜻과 연관된 글자에 ○ 하세요.

광합성

光합성

빛 **광** 합할 **합** 이룰 **성**

식물이 빛을 이용하여
스스로 영양분을 만드는 과정

야광

야光

밤 **야** 빛 **광**

어둠 속에서 **빛**을 내는 상태

💡 아래 글을 읽고 질문에 답하세요.

제목 : 대공원에 다녀와서

일주일 내내 내리던 비가 그치자마자 대공원에 다녀왔다. 푸른
잎을 뽐내며 활발하게 광합성을 하는 나무들처럼 우리 가족도
따뜻한 햇빛을 듬뿍 받았다. 저녁에는 야간 개장을 한다고 해서,
야광 옷을 입고 대공원 이곳저곳을 돌아다녔다. 아침부터 저녁
까지 여러 가지 꽃과 동물 등을 구경하며 재밌는 시간을 보냈다.

으악, 깜짝이야!
귀신인 줄 알았잖아!

21
일차

• 총총이네 가족은 대공원에서 무엇을 했나요?

💬 _____을 하는 나무들처럼 햇빛을 듬뿍 받으며, 꽃과 동물 등을 구경했다.

• 총총이는 대공원의 야간 개장을 어떻게 즐겼나요?

💬 _____ 옷을 입고 돌아다녔다.

발광
발光
필 **발** 빛 광

물질이 **빛**을 내는 현상

형광
형光
개똥벌레 **형** 빛 광

물질이 **빛** 에너지를 흡수해서
그 일부를 다른 **빛**으로 내놓는 현상

2 뜻풀이를 각각 읽고 빈칸을 채워 어휘를 완성하세요.

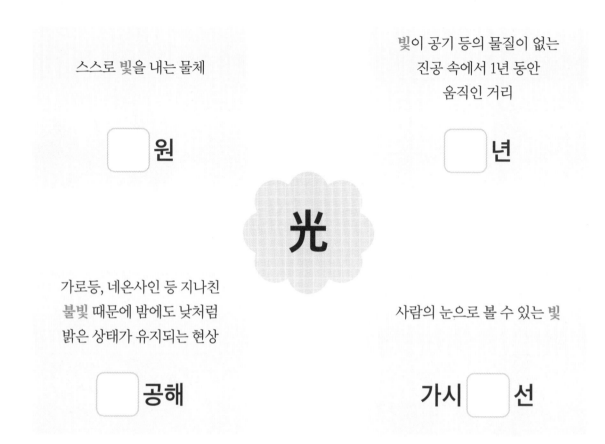

스스로 빛을 내는 물체

[ ] 원

빛이 공기 등의 물질이 없는
진공 속에서 1년 동안
움직인 거리

[ ] 년

光

가로등, 네온사인 등 지나친
불빛 때문에 밤에도 낮처럼
밝은 상태가 유지되는 현상

[ ] 공해

사람의 눈으로 볼 수 있는 빛

가시 [ ] 선

3 '광(光)'의 뜻을 떠올리며 밑줄 친 곳에 공통으로 들어갈 글자를 쓰세요.

발광은 물질이 _____을
내는 현상이야.

가시광선은 사람의 눈으로
볼 수 있는 _____을 말하지.

✍ _____

4 다음 중 '광(光)'이 쓰이지 않은 어휘를 찾아 ○ 하세요.

| 광원 | 발광 | 광고 | 광년 | 가시광선 |

5 문장을 각각 읽고 밑줄 친 곳에 들어갈 알맞은 어휘를 찾아 연결하세요.

21
일차

총총이와 명명이의 방에는 밤에만 빛을 내는 ＿＿＿ 스티커가 붙어 있다. •

• 야광

천문학자들은 지구에서 1600 ＿＿＿ 떨어진 곳에 블랙홀이 있는 것을 발견했다. •

• 광년

＿＿＿은 빨강, 주황, 노랑, 초록, 파랑, 남색, 보라의 일곱 가지 색깔로 이루어진다. •

• 광공해

요즘에는 ＿＿＿ 때문에 밤하늘의 별빛을 보기가 힘들다. •

• 가시광선

6 제시된 어휘 중 알맞은 것을 활용하여 문장을 완성하세요.

광합성
vs
광공해

✒ 식물의 ＿＿＿＿＿＿＿＿＿＿ 햇빛이 강할수록,

온도가 적당히 높을수록 활발하게 일어난다.

광원
vs
광년

✒ 태양, 전등, 컴퓨터는 스스로 빛을 내는 ＿＿＿＿＿＿＿＿＿

22 일차

한자의 뜻과 음을 확인하고 따라 쓰세요.

한자 따라 쓰기

뜻 **별**

성 星

음 모양

✏️ 기본 교과 어휘

1 '성(星)'이 들어간 어휘를 읽어 보고, 뜻풀이에서 한자의 뜻과 연관된 글자에 ◯ 하세요.

북두칠성

북두칠星

북녘 **북** 말 **두** 일곱 **칠** 별 **성**

북쪽 하늘에서 국자 모양을 하고
있는 일곱 개의 **별**

행성

행星

다닐 **행** 별 **성**

스스로 빛을 내지 못하고
하나의 큰 별 주위를 도는 **별**

정답 25쪽

💡 아래 글을 읽고 질문에 답하세요.

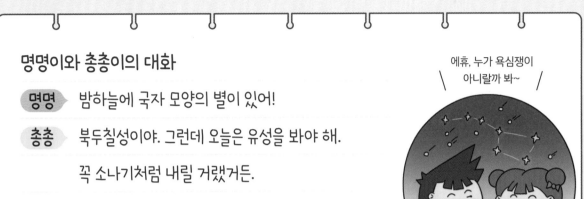

명명이와 총총이의 대화

명명 밤하늘에 국자 모양의 별이 있어!

총총 북두칠성이야. 그런데 오늘은 유성을 봐야 해.

꼭 소나기처럼 내릴 거랬거든.

명명 별이 그렇게나 많이 쏟아진다고?

그럼 이참에 소원 엄청 빌어야지!

에휴, 누가 욕심쟁이
아니랄까 봐~

22
일차

• 밤하늘을 보던 명명이가 무엇을 발견했나요?

💬 _____

• 오늘 총총이는 무엇을 기다리고 있나요?

💬 _____ 이 소나기처럼 내리는 모습을 기다린다.

인공위성

인공위星

사람 **인** 장인 **공** 지킬 **위** 별 **성**

지구와 같은 **행성** 주위를
돌도록 만든 물체

금성

금星

쇠 **금** 별 **성**

지구와 가장 가까이에 있는 **행성**

2 뜻풀이를 각각 읽고 빈칸을 채워 어휘를 완성하세요.

우주를 돌아다니는 먼지들이
지구 대기권과 부딪혀
빛을 내며 타는 것

유 ☐

스스로 빛을 내며
거의 위치가 변하지 않는 별

항 ☐

星

지구보다 안쪽에서
태양 주위를 도는 행성

내행 ☐

지구보다 바깥쪽에서
태양 주위를 도는 행성

외행 ☐

3 '성(星)'의 뜻을 떠올리며 밑줄 친 곳에 공통으로 들어갈 글자를 쓰세요.

북두칠성은 북쪽 하늘에서
국자 모양을 하고 있는
일곱 개의 _____ 이야.

항성은 스스로 빛을 내며 거의
위치가 변하지 않는 _____ 을
가리키지.

4 다음 중 '성(星)'이 쓰이지 않은 어휘를 찾아 ○ 하세요.

행성   완성   내행성   유성   인공위성

5 문장을 각각 읽고 밑줄 친 곳에 들어갈 알맞은 어휘를 찾아 연결하세요.

태양은 스스로 빛과 열을 내는 대표적인
_____이다.   •   •   금성

1992년에 우리나라 최초의 _____ 우리
별 1호가 발사되었다.   •   •   인공위성

_____에는 화성, 목성, 토성, 천왕성, 해
왕성이 있다.   •   •   외행성

_____은 지구에서 가장 밝게 보여 '샛별'
이라고도 부른다.   •   •   항성

6 제시된 어휘 중 알맞은 것을 활용하여 문장을 완성하세요.

| 내행성 |
| VS |
| 외행성 |

✎ 수성과 금성은 지구 안쪽에서 도는 _____

| 행성 |
| VS |
| 항성 |

✎ 지구와 같이 _____ 이리저리

움직이므로 '떠돌이별'이라는 별명이 있다.

한자의 뜻과 음을 확인하고 따라 쓰세요.

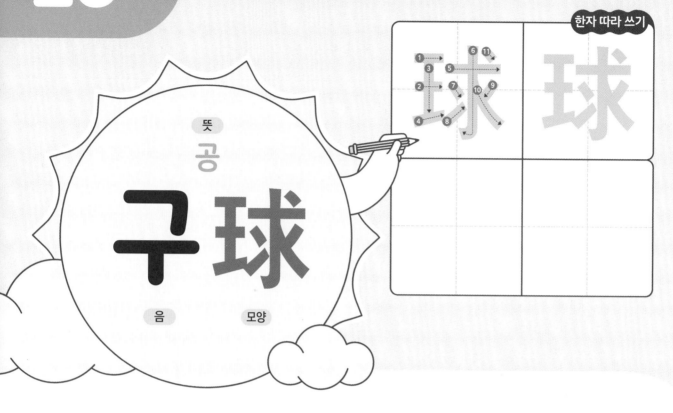

뜻
공

구 球

음   모양

한자 따라 쓰기

✏️ 기본 교과 어휘

1 '구(球)'가 들어간 어휘를 읽어 보고, 뜻풀이에서 한자의 뜻과 연관된 글자에 ○ 하세요.

지구

지球

땅 **지** 공 구

태양계에서 생명체가
살고 있는 둥근 천체

전구

전球

번개 **전** 공 구

유리로 만든 **공** 안에
전기를 흘려 빛을 내는 것

💡 아래 글을 읽고 질문에 답하세요.

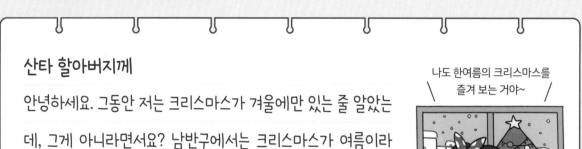

산타 할아버지께

안녕하세요. 그동안 저는 크리스마스가 겨울에만 있는 줄 알았는데, 그게 아니라면서요? 남반구에서는 크리스마스가 여름이라는 사실을 알고 깜짝 놀랐어요. 그러면 남반구에서는 수영복을 입고 크리스마스를 즐기시나요? 북반구에 사는 저는 정말 신기해요. 저의 궁금증을 풀어 주세요.   – 미미 올림

나도 한여름의 크리스마스를 즐겨 보는 거야~

- 산타 할아버지께 편지를 보낸 사람은 누구인가요?

💬 _____에 사는 미미

- 미미가 새롭게 알게 된 사실은 무엇인가요?

💬 _____에서는 크리스마스가 여름이다.

안구

안球

눈 안 공 구

눈 안에 **공** 모양으로 박혀
빛에 대한 정보를 받아들이는 기관

기구

기球

기운 **기** 공 구

공 모양 주머니에 공기보다 가벼운
가스를 넣어 높이 뜨도록 만든 물건

2 뜻풀이를 각각 읽고 빈칸을 채워 어휘를 완성하세요.

적도를 경계로 지구를 둘로
나누었을 때 북쪽 부분

북반 ☐

적도를 경계로 지구를 둘로
나누었을 때 남쪽 부분

남반 ☐

球

몸속에 들어온 세균을 잡아먹는
역할을 하는 혈액을 이루는 세포

백혈 ☐

온몸에 산소를 전달하는
역할을 하는 혈액을 이루는 세포

적혈 ☐

3 '구(球)'의 뜻을 떠올리며 밑줄 친 곳에 공통으로 들어갈 글자를 쓰세요.

전구는 유리로 만든
_____ 안에 전기를 흘려
빛을 내는 것이야.

안구는 눈 안에 _____ 모양으로
박혀 빛에 대한 정보를
받아들이는 기관을 말하지.

4 다음 중 '구(球)'가 쓰이지 않은 어휘를 찾아 ○ 하세요.

지구   전구   안구   친구   남반구

5 문장을 각각 읽고 밑줄 친 곳에 들어갈 알맞은 어휘를 찾아 연결하세요.

| _____와 남반구의 계절은 반대로 나타난다. | · | · | 남반구 |

| _____는 북반구보다 육지가 적고 바다의 비율이 높다. | · | · | 지구 |

| 눈물이 부족하면 _____ 건조증이 생길 수 있다. | · | · | 안구 |

| _____는 공기와 물이 있어서 다양한 동식물이 살기에 적합하다. | · | · | 북반구 |

6 제시된 어휘 중 알맞은 것을 활용하여 문장을 완성하세요.

전구
vs
기구

💬 화장실 불이 나가 깜깜해지자, 총총이 아빠가

_____ 갈아 끼웠다.

백혈구
vs
적혈구

💬 피가 붉은색을 띠는 이유는 _____ 있는

헤모글로빈 때문이다.

23
일차

어휘랑 총정리

1 빈칸에 공통으로 들어가는 글자를 찾아 연결하세요.

지 ☐

백혈 ☐

☐합성

발 ☐

☐균

☐면 도형

· 공 구(球)

· 빛 광(光)

· 평평할 평(平)

2 문장을 각각 읽고 내용에 알맞은 어휘를 골라 ○ 하세요.

◁) 참게의 양 집게다리는 (**대응점** / **대응변** / **대응각** / **대칭**)을 이루고 있다.

◁) 심심이는 교과서 (옆**면** / 곡**면** / **면**적 / 단**면**)에 자신의 이름을 적어 놓았다.

◁) 개는 사람보다 (미**각** / 후**각** / 압**각** / 통**각**)이 발달하여 냄새에 예민하다.

◁) 총총이 아빠는 고장 난 드라이기를 (용**해** / 융**해** / 분**해** / **해**빙)하여 살펴보았다.

112

3 채팅 속 빈칸에 들어갈 글자를 쓰고, 같은 한자가 들어간 어휘를 찾아 묶으세요.

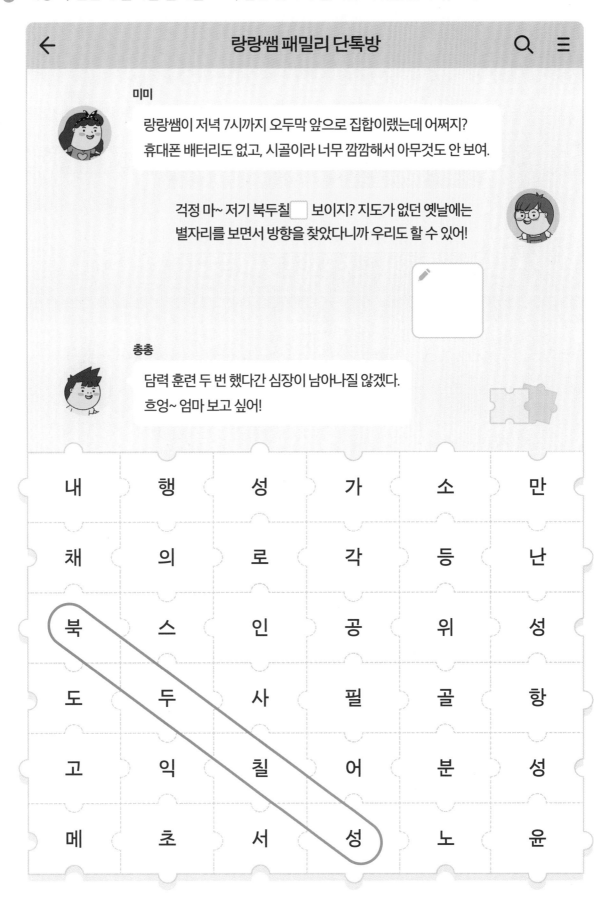

4 가로세로 열쇠의 뜻풀이를 읽고 퍼즐을 완성하세요.

❶				❷	
❶ 비(比)				❷ 대(對)	
❸❸ 해(解)					❹
		❹			성(星)

가로 열쇠

❶ 두 수나 양을 서로 견주어 분수, 소수로 나타낸 것
❷ 두 대상이 주어진 관계에 의해 서로 짝이 되는 것
❸ 생물의 일부나 전부를 갈라 헤쳐 내부를 조사하는 일
❹ 북쪽 하늘에서 국자 모양을 하고 있는 일곱 개의 별

세로 열쇠

❶ 한쪽이 커질 때 다른 쪽은 같은 비로 작아지는 관계
❷ 직선을 사이에 두고 완전히 겹치는 대칭
❸ 얼음이 녹아서 풀림
❹ 스스로 빛을 내지 못하고 하나의 큰 별 주위를 도는 별

5 보기 속 어휘를 활용하여 문장을 완성하세요.

> **보기**
>
> 남반구   정육면체   금성   정비례   수평

(예시) 호주는 ___남반구에___ 있는 나라로 우리나라와 계절이 반대이다.

✎ 햄버거 개수와 가격은 서로 _____ 관계이다.

✎ 미미는 팔을 다리와 _____ 되도록 쭉 뻗어 스트레칭을 했다.

✎ 주사위는 각 면에 1부터 6까지의 숫자가 쓰여 있는 _____

✎ _____ 수성과 지구 사이에 위치해 있다.

6 제시된 어휘를 활용하여 문장을 만드세요.

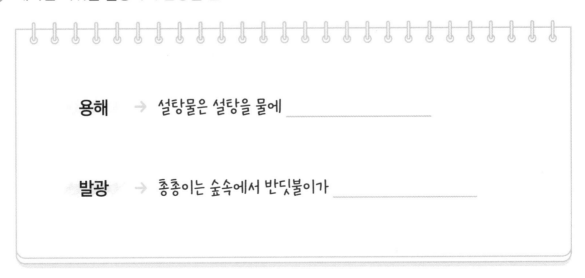

용해 → 설탕물은 설탕을 물에 _____

발광 → 총총이는 숲속에서 반딧불이가 _____

IV

고사성어

難 어려울 난

- 중구난방 · 다사다난
- 난형난제 · 각골난망

馬 말 마

- 죽마고우 · 천군만마
- 새옹지마 · 마이동풍

相 서로 상

- 유유상종 · 상부상조
- 일맥상통 · 명실상부

善 착할 선

- 선남선녀 · 다다익선
- 개과천선 · 권선징악

無 없을 무

- 막무가내 · 무궁무진
- 무용지물 · 전무후무

死 죽을 사

- 구사일생 · 기사회생
- 생로병사 · 사생결단

世 세대 세

- 세상만사 · 절세미인
- 입신출세 · 격세지감

한자의 뜻과 음을 확인하고 따라 쓰세요.

한자 따라 쓰기

뜻
어려울

난難

음   모양

✎ 기본 실용 어휘

1 '난(難)'이 들어간 어휘를 읽어 보고, 뜻풀이에서 한자의 뜻과 연관된 글자에 ○ 하세요.

중구난방

중구難방

무리 중 입 구 어려울 난 막을 방

여러 사람의 입을 막기 **어렵다**는 뜻으로,
여러 명이 마구 떠드는 것을 이름

다사다난

다사다難

많을 다 일 사 많을 다 어려울 난

여러 가지 일도 많고
어려움도 많음

💡 아래 글을 읽고 질문에 답하세요.

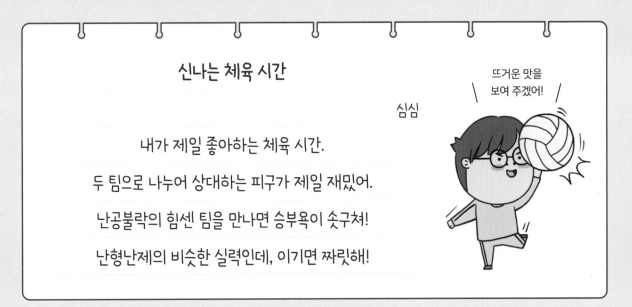

신나는 체육 시간

내가 제일 좋아하는 체육 시간.

두 팀으로 나누어 상대하는 피구가 제일 재밌어.

난공불락의 힘센 팀을 만나면 승부욕이 솟구쳐!

난형난제의 비슷한 실력인데, 이기면 짜릿해!

심심

뜨거운 맛을
보여 주겠어!

24
일차

• 심심이는 어떤 팀을 만나면 승부욕이 솟구치나요?

💬 _____의 힘센 팀

• 심심이는 실력이 비슷한 팀을 어떻게 표현했나요?

💬 _____의 비슷한 실력

난형난제

難형難제

어려울 **난** 형 **형** 어려울 **난** 아우 **제**

누구를 형이라 부르기도
아우라 부르기도 **어렵다**는 뜻으로,
둘 사이에 우열을 가리기 **어려움**을 이름

각골난망

각골難망

새길 **각** 뼈 **골** 어려울 **난** 잊을 **망**

다른 사람에게 입은 은혜가 뼈에
새길 만큼 커서 잊히지 **않음**

119

2 뜻풀이를 각각 읽고 빈칸을 채워 어휘를 완성하세요.

흰 뼈가 되어서도 잊을 수 없다는
뜻으로, 큰 은혜를 입어 죽어서도
잊을 수 없는 고마움을 이름

한 손으로는 소리가 나지
않는다는 뜻으로, 혼자서 어떤
일을 이루기 어려움을 이름

백골 [ ] 망

고장 [ ] 명

難

앞으로 나아가지도 뒤로 물러날 수도
없는 상태라는 뜻으로, 이러지도 저
러지도 못하는 어려운 처지를 이름

공격하기가 어려워 쉽게
무너지지 않음

진퇴양 [ ]

[ ] 공불락

3 '난(難)'의 뜻을 떠올리며 밑줄 친 곳에 공통으로 들어갈 글자를 쓰세요.

다사다난은 여러 가지
일도 많고 _____도
많다는 뜻이야.

고장난명은 한 손으로는 소리가 나지
않는다는 뜻으로, 혼자서 어떤 일을
이루기 _____을 나타내지.

4 다음 중 '난(難)'이 쓰이지 않은 어휘를 찾아 ○ 하세요.

> 백골난망 　 고장난명 　 난의포식 　 각골난망 　 중구난방

5 문장을 각각 읽고 밑줄 친 곳에 들어갈 알맞은 어휘를 찾아 연결하세요.

24
일차

| 어려운 상황에도 정성을 다해 키워 주신 부모님의 은혜는 _____이다. | · | | · | 난형난제 |

| 두 수영 선수의 실력이 _____라 결과를 예측하기가 어렵다. | · | | · | 중구난방 |

| 여기저기서 _____으로 떠들기 시작하자, 교실이 금세 소란스러워졌다. | · | | · | 난공불락 |

| 적의 뛰어난 전술에도 _____의 요새는 함락되지 않았다. | · | | · | 백골난망 |

6 제시된 어휘 중 알맞은 것을 활용하여 문장을 완성하세요.

| 고장난명 VS 다사다난 | 💬 빙판길에 미끄러지고, 휴대폰마저 잃어버린 미미에게 올해는 _____ 해였다. |

| 난공불락 VS 각골난망 | 💬 계곡에서 물에 빠질 뻔하다 구조된 명명이는 _____ 은혜를 잊지 않겠다고 다짐했다. |

한자의 뜻과 음을 확인하고 따라 쓰세요.

한자 따라 쓰기

뜻
말

마 馬

음   모양

馬   馬

✏️ **기본 실용 어휘**

1 '마(馬)'가 들어간 어휘를 읽어 보고, 뜻풀이에서 한자의 뜻과 연관된 글자에 ◯ 하세요.

죽마고우

죽馬고우

대 죽 말 마 옛 고 벗 우

천군만마

천군만馬

일천 천 군사 군 일만 만 말 마

대나무 ⟨**말**⟩ 을 타고 놀던 벗이라는 뜻으로,
어릴 때부터 친한 친구를 이름

천 명의 군사와 만 마리의 **말**이라는
뜻으로, 엄청난 규모의 군대를 이름

💡 **아래 글을 읽고 질문에 답하세요.**

심심이에게

한동네에서 자라 같은 유치원, 초등학교까지 모든 순간을 함께
한 우리! 이번에 어린이 TV 퀴즈 쇼에 너와 내가 학교 대표로
나란히 선발됐을 때, 얼마나 기뻤는지 몰라. 꼭 천군만마를 얻
은 느낌이었지. 반드시 1등까지 해서, 죽마고우가 뭉치면 얼마나
강한지 보여 주자!   – 총총이가

우리가 함께라면
절대 무적이지!

25
일차

• 총총이는 심심이와 어린이 TV 퀴즈 쇼 대표로 선발되었을 때 어떤 기분이었나요?

✍ _____를 얻은 느낌이었다.

• 한동네에서 자라 유치원, 초등학교까지 같이 다닌 총총이와 심심이는 어떤 사이인가요?

✍ _____

새옹지마

새옹지馬

변방 **새** 늙은이 **옹** 갈 **지** 말 **마**

변방에 사는 노인의 **말**이라는 뜻으로,
좋은 일과 나쁜 일은 예측하기 어려움을 이름

마이동풍

馬이동풍

말 **마** 귀 **이** 동녘 **동** 바람 **풍**

동쪽에서 부는 바람이 **말**의 귀를 스쳐 간다는
뜻으로, 남의 말을 귀담아 듣지 않음을 이름

2 뜻풀이를 각각 읽고 빈칸을 채워 어휘를 완성하세요.

개나 말 정도의 하찮은
힘이란 뜻으로, 윗사람을 위한
자신의 노력을 낮추는 말

견 ☐ **지로**

늙은 말의 지혜라는 뜻으로,
하찮은 사람도 나름의 장기나
슬기를 갖고 있음을 이름

노 ☐ **지지**

馬

사슴을 가리켜 말이라 한다는
뜻으로, 거짓된 행동으로
윗사람을 속이는 모습을 이름

지록위 ☐

달리는 말 위에서 산과 강을 구경
한다는 뜻으로, 자세히 살피지
않고 대충 보고 지나침을 이름

주 ☐ **간산**

3 '마(馬)'의 뜻을 떠올리며 밑줄 친 곳에 공통으로 들어갈 글자를 쓰세요.

천군만마는 천 명의 군사와 만
마리의 _____ 이라는 뜻으로,
엄청난 규모의 군대를 의미해.

지록위마는 사슴을 가리켜 _____ 이라
한다는 뜻으로, 거짓된 행동으로
윗사람을 속이는 모습을 나타내지.

4 다음 중 '마(馬)'가 쓰이지 않은 어휘를 찾아 ◯ 하세요.

> 호사다마   마이동풍   새옹지마   지록위마   노마지지

5 문장을 각각 읽고 밑줄 친 곳에 들어갈 알맞은 어휘를 찾아 연결하세요.

우정을 나타내는 고사성어로 지란지교, 관포지교, _____ 등이 있다.	죽마고우
'인간사 _____'라고 나쁜 일이 있으면 좋은 일도 생기는 법이다.	주마간산
여행객들은 짧은 시간에 쫓겨 유명 관광지를 _____으로 지나쳤다.	새옹지마
임금을 속이는 신하의 모습을 가리켜 _____라고 표현한다.	지록위마

6 제시된 어휘 중 알맞은 것을 활용하여 문장을 완성하세요.

견마지로
vs
마이동풍

✎ 왕세자는 그를 아끼는 주변 사람들의 충고도

_____ 듣고 제멋대로 행동했다.

지록위마
vs
천군만마

✎ 학급 반장인 총총이는 친구들이 스스로 할 일을 정하자,

_____ 얻은 것처럼 든든했다.

26 일차

한자의 뜻과 음을 확인하고 따라 쓰세요.

한자 따라 쓰기

뜻
서로

상 相

음   모양

✏️ **기본 실용 어휘**

1 '상(相)'이 들어간 어휘를 읽어 보고, 뜻풀이에서 한자의 뜻과 연관된 글자에 ○ 하세요.

유유상종

유유相종

무리 류 무리 류 서로 상 좋을 종

같은 무리끼리 ⟨서로⟩ 사귐

상부상조

相부相조

서로 상 도울 부 서로 상 도울 조

서로서로 도움

💡 아래 글을 읽고 질문에 답하세요.

명명이에게

새 학년을 맞이하여 어떻게 친구를 사귀어야 하나 고민되지?

선생님이 친구 사귀는 법을 알려 줄게. 우선, 친구끼리는 상부상

조해야 해. 도움이 필요할 때 서로 도우며 친해질 수 있지. 또 취

미나 관심사 등 일맥상통하는 부분이 많다면 더 쉽게 친해질

수 있을 거야. 즐거운 학교생활을 응원할게!   – 랑랑쌤

랑랑쌤 덕분에 좋은 친구들을 잔뜩 사귀었어!

26
일차

• 랑랑쌤은 친구를 사귈 때 어떤 자세가 필요하다고 했나요?

💬 친구끼리 _____ 해야 한다.

• 랑랑쌤은 친구와 어떻게 친해질 수 있다고 말했나요?

💬 취미나 관심사 등 _____ 하는 부분이 많으면 더 쉽게 친해진다.

일맥상통

일맥**相**통

하나 **일** 맥 **맥** 서로 **상** 통할 **통**

생각, 상태, 성질 등이
서로 통하거나 비슷해짐

명실상부

명실**相**부

이름 **명** 열매 **실** 서로 **상** 부신 **부**

이름과 실제가 **서로** 꼭 맞음

2 뜻풀이를 각각 읽고 빈칸을 채워 어휘를 완성하세요.

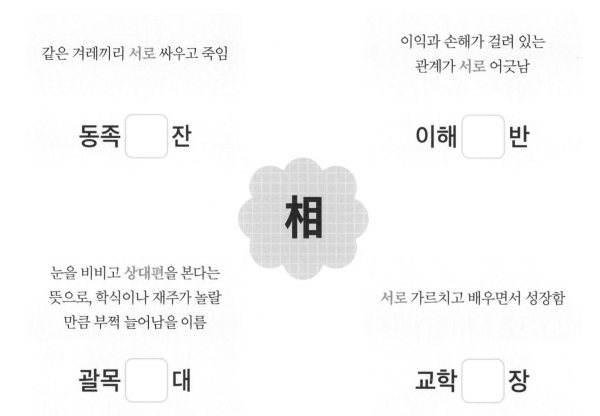

같은 겨레끼리 서로 싸우고 죽임

동족 ☐ 잔

이익과 손해가 걸려 있는
관계가 서로 어긋남

이해 ☐ 반

相

눈을 비비고 상대편을 본다는
뜻으로, 학식이나 재주가 놀랄
만큼 부쩍 늘어남을 이름

괄목 ☐ 대

서로 가르치고 배우면서 성장함

교학 ☐ 장

3 '상(相)'의 뜻을 떠올리며 밑줄 친 곳에 공통으로 들어갈 글자를 쓰세요.

일맥상통은 생각, 상태,
성질 등이 ＿＿＿ 통하거나
비슷해진다는 뜻이야.

동족상잔은 같은 겨레끼리
＿＿＿ 싸우고 죽이는
것을 말하지.

정답 30쪽

4 다음 중 '상(相)'이 쓰이지 않은 어휘를 찾아 ○ 하세요.

일맥상통   명실상부   동족상잔   세상만사   괄목상대

5 문장을 각각 읽고 밑줄 친 곳에 들어갈 알맞은 어휘를 찾아 연결하세요.

우리 민족은 예로부터 두레, 품앗이, 계 등 _____하는 전통이 있다. •

• 동족상잔

랑랑쌤은 학생들을 가르치면서 제자들의 열정에 _____의 즐거움을 느꼈다. •

• 교학상장

총총이와 심심이는 둘 다 축구와 게임을 좋아하며 _____한 면이 많다. •

• 일맥상통

우리 역사에서 6·25 전쟁은 _____의 비극으로 기록되었다. •

• 상부상조

6 제시된 어휘 중 알맞은 것을 활용하여 문장을 완성하세요.

명실**상부**
VS
이해**상반**

💬 한국 펜싱은 세계 대회에서 메달을 휩쓸며

_____ 스포츠 강국으로 자리매김했다.

괄목**상대**
VS
유유**상종**

💬 K-팝의 영향으로 지구촌 곳곳에서 한국어를 배우는 학생이 늘어나며

_____ 변화를 보여 주었다.

26
일차

공부한 날 _____ 월 _____ 일

한자의 뜻과 음을 확인하고 따라 쓰세요.

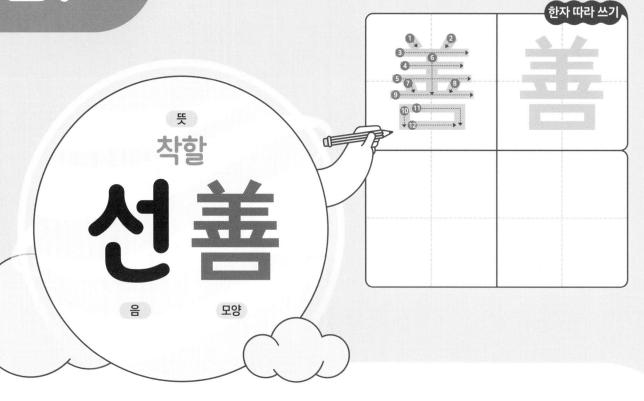

뜻
착할
선 **善**
음   모양

한자 따라 쓰기

📝 **기본 실용 어휘**

1 '선(善)'이 들어간 어휘를 읽어 보고, 뜻풀이에서 한자의 뜻과 연관된 글자에 ◯ 하세요.

선남선녀
善남善녀
착할 **선** 사내 **남** 착할 **선** 계집 **녀**

(착한) 남자와 여자라는 뜻으로,
젊고 아름다운 남녀를 이르는 말

다다익선
다다익善
많을 **다** 많을 **다** 더할 **익** 착할 **선**

많으면 많을수록 **좋음**

💡 아래 글을 읽고 질문에 답하세요.

총총이 남매와 엄마의 대화

> **총총** 명명아, 이 닭 다리 너 줄게.
>
> **명명** 음식은 다다익선이라더니 웬일이야?
>
> **총총** 자고로 옛날부터 선인선과라고 했어.
>
> 착한 일을 했으니 분명 선물을 받을 거야.
>
> **엄마** 좋았어! 총총이 치킨 한 마리 더 당첨이다!

크크크, 하나 주고 둘로 받는 큰 그림이랄까?

- 총총이는 그동안 음식에 대해 어떻게 생각했나요?

  ✍ 음식은 _____ 이다.

- 총총이가 명명이에게 닭 다리를 양보한 이유는 무엇인가요?

  ✍ _____ 라며 또 다른 선물을 기대했기 때문이다.

개과천선

개과천**善**

고칠 **개** 지날 **과** 옮길 **천** 착할 **선**

지난날의 잘못을 고쳐 **착하게** 바뀜

권선징악

권**善**징악

권할 **권** 착할 **선** 혼날 **징** 악할 **악**

착한 일은 권하고, 악한 일은 벌을 줌

2 뜻풀이를 각각 읽고 빈칸을 채워 어휘를 완성하세요.

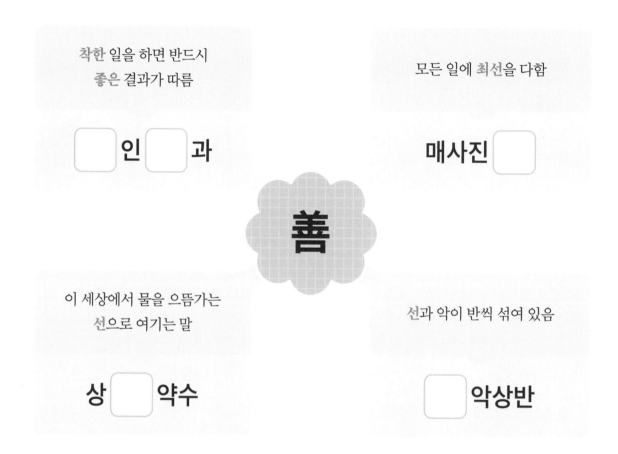

착한 일을 하면 반드시
좋은 결과가 따름

☐ 인 ☐ 과

모든 일에 최선을 다함

매사진 ☐

善

이 세상에서 물을 으뜸가는
선으로 여기는 말

상 ☐ 약수

선과 악이 반씩 섞여 있음

☐ 악상반

3 '선(善)'의 뜻을 떠올리며 밑줄 친 곳에 공통으로 들어갈 글자를 쓰세요.

선남선녀는 _____ 남자와
여자라는 뜻으로, 젊고 아름
다운 남녀를 이르는 말이야.

권선징악은 _____ 일은
권하고, 악한 일은 벌을
준다는 뜻이지.

4 다음 중 '선(善)'이 쓰이지 않은 어휘를 찾아 ◯ 하세요.

선남선녀   개과천선   상선약수   선악상반   솔선수범

5 문장을 각각 읽고 밑줄 친 곳에 들어갈 알맞은 어휘를 찾아 연결하세요.

| 축구 대회를 앞둔 총총이는 우승을 위해 _____의 자세로 연습했다. | • | • | 상선약수 |

| 사또는 죄인에게 _____할 기회를 주었다. | • | • | 개과천선 |

| 전쟁이 일어나면, 사람과 무기는 _____이다. | • | • | 매사진선 |

| 노자는 나무와 풀에게 영양분이 되어 주는 물을 보며 _____를 강조했다. | • | • | 다다익선 |

6 제시된 어휘 중 알맞은 것을 활용하여 문장을 완성하세요.

상선약수
VS
권선징악

💬 이번에 개봉한 영화는 지구 평화를 위협하는 악당을

영웅이 응징하는 _____ 끝이 났다.

선남선녀
VS
선인선과

💬 중국 진시황은 불로초를 찾기 위해 수많은

_____ 세상 곳곳에 보냈다.

27
일차

28 일차

한자의 뜻과 음을 확인하고 따라 쓰세요.

한자 따라 쓰기

뜻
없을

무 無

음   모양

✏️ **기본 실용 어휘**

1 '무(無)'가 들어간 어휘를 읽어 보고, 뜻풀이에서 한자의 뜻과 연관된 글자에 ○ 하세요.

막무가내

막無가내

없을 막 없을 무 옳을 가 어찌 내

달리 어찌할 수 (없음)

무궁무진

無궁無진

없을 무 다할 궁 없을 무 다할 진

끝이 **없고** 다함이 **없음**

💡 아래 글을 읽고 질문에 답하세요.

12월 22일 토요일 눈이 소복소복

제목 : 무궁무진한 내 꿈

유치원 시절, 트로트 신동으로 유명했던 나는 가수를 꿈꾸었다. 그러다 한 법정 드라마를 보고선 판사가 되고 싶었다. 축구팀 주장이 되어선 메시 같은 축구 선수로 꿈이 바뀌었다. 랑랑쌤은 꿈이 이렇게 자주 바뀌는 아이는 전무후무하다고 말씀하셨다.

원래 꿈은 크게 가지는 법이랬어~

28
일차

• 총총이의 꿈에는 어떤 것들이 있었나요?

💬 가수, 판사, 축구 선수 등 ＿＿＿＿＿＿＿하게 많았다.

• 랑랑쌤은 총총이에게 뭐라고 말했나요?

💬 꿈이 이렇게 자주 바뀌는 아이는 ＿＿＿＿＿＿＿하다.

무용지물

無용지물

없을 **무** 쓸 **용** 갈 **지** 물건 **물**

쓸모**없는** 물건이나 사람

전무후무

전無후無

앞 **전** 없을 **무** 뒤 **후** 없을 **무**

이전에도 **없었고** 앞으로도 **없음**

2 뜻풀이를 각각 읽고 빈칸을 채워 어휘를 완성하세요.

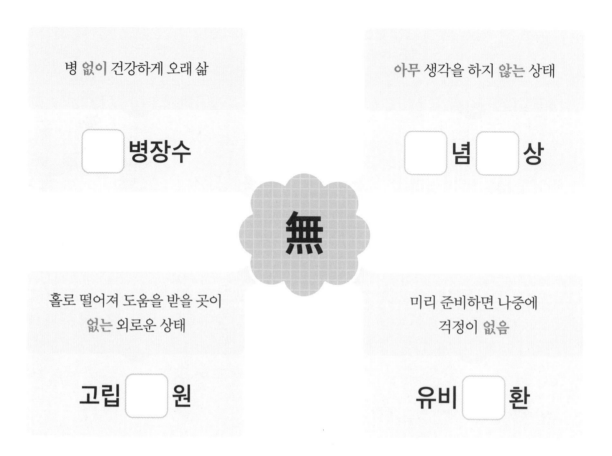

병 없이 건강하게 오래 삶

[ ] 병장수

아무 생각을 하지 않는 상태

[ ] 념 [ ] 상

無

홀로 떨어져 도움을 받을 곳이
없는 외로운 상태

고립 [ ] 원

미리 준비하면 나중에
걱정이 없음

유비 [ ] 환

3 '무(無)'의 뜻을 떠올리며 밑줄 친 곳에 공통으로 들어갈 글자를 쓰세요.

무용지물은 쓸모 _____
물건이나 사람을 뜻해.

고립무원은 홀로 떨어져
도움을 받을 곳이 _____
외로운 상태를 나타내지.

4 다음 중 '무(無)'가 쓰이지 않은 어휘를 찾아 ○ 하세요.

무념무상   무릉도원   무용지물   전무후무   고립무원

5 문장을 각각 읽고 밑줄 친 곳에 들어갈 알맞은 어휘를 찾아 연결하세요.

유치원 시절, 명명이는 장난감을 사 달라며 _____로 떼를 썼다.

막무가내

여름 방학을 맞아 열심히 세웠던 여행 계획은 장마 때문에 _____이 되었다.

무용지물

백일잔치는 아기의 _____를 기원해 주는 풍습이다.

무병장수

가부좌를 틀고 정신을 집중한 랑랑쌤은 _____에 이르렀다.

무념무상

6 제시된 어휘 중 알맞은 것을 활용하여 문장을 완성하세요.

전무후무
vs
막무가내

✏ 한국 여자 양궁 대표팀은 올림픽 9연패라는

_____ 기록을 세웠다.

고립무원
vs
유비무환

✏ <흥부전> 속 놀부는 평소 나쁜 행실로 인해 기댈 곳 없는

_____ 신세가 되었다.

한자의 뜻과 음을 확인하고 따라 쓰세요.

한자 따라 쓰기

뜻
죽을

사死

음   모양

✎ 기본 실용 어휘

1 '사(死)'가 들어간 어휘를 읽어 보고, 뜻풀이에서 한자의 뜻과 연관된 글자에 ○ 하세요.

구사일생

구死일생

아홉 **구** 죽을 **사** 하나 **일** 날 **생**

기사회생

기死회생

일어날 **기** 죽을 **사** 돌아올 **회** 날 **생**

아홉 번 죽을 뻔하다 한 번 살아난다는 뜻으로,
여러 차례 죽을 고비를 넘기고 겨우 살아남을 이름

죽을 뻔하다 다시 살아난다는 뜻으로,
위기 속에서 일어서는 모습을 이름

💡 아래 글을 읽고 질문에 답하세요.

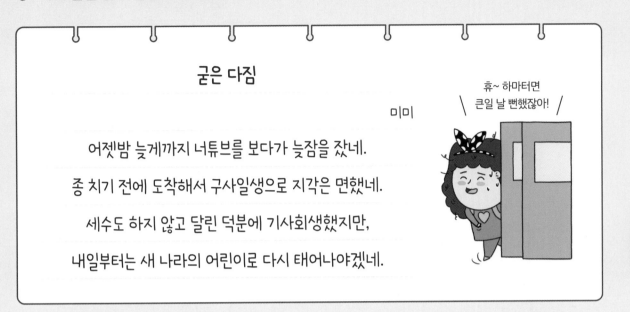

굳은 다짐

미미

휴~ 하마터면 큰일 날 뻔했잖아!

어젯밤 늦게까지 너튜브를 보다가 늦잠을 잤네.

종 치기 전에 도착해서 구사일생으로 지각은 면했네.

세수도 하지 않고 달린 덕분에 기사회생했지만,

내일부터는 새 나라의 어린이로 다시 태어나야겠네.

29 일차

• 미미는 학교에 언제 도착했나요?

　💬 종 치기 전에 도착해서 ＿＿＿＿＿＿＿＿으로 지각은 면했다.

• 결국 미미는 어떤 다짐을 했나요?

　💬 ＿＿＿＿＿＿＿＿했지만, 내일부터는 새 나라의 어린이로 다시 태어나야겠다.

생로병**사**

생로병**死**

날 **생** 늙을 **로** 병들 **병** 죽을 **사**

사람이 태어나고, 늙고, 병들고, **죽는** 네 가지 고통

사생결단

死생결단

죽을 **사** 날 **생** 결정할 **결** 끊을 **단**

죽고 사는 것을 돌보지 않고 끝장을 내려고 함

2 뜻풀이를 각각 읽고 빈칸을 채워 어휘를 완성하세요.

죽기로 싸우면 반드시 살게 됨

필 ☐ 즉생

토끼가 죽으면 토끼 잡는 개도 잡아먹는다는 뜻으로, 필요할 때 쓰고 쓸모가 없을 때는 버림을 이름

토 ☐ 구팽

死

죽은 말 뼈를 산다는 뜻으로, 귀중한 것을 손에 넣으려면 공을 들여야 함을 이름

매 ☐ 마골

죽은 뒤에야 약을 짓는다는 뜻으로, 이미 때가 늦었음을 이름

☐ 후약방문

3 '사(死)'의 뜻을 떠올리며 밑줄 친 곳에 공통으로 들어갈 글자를 쓰세요.

구사일생은 아홉 번 _____ 뻔하다 한 번 살아난다는 뜻으로, 여러 차례 _____ 고비를 넘기고 겨우 살아난다는 뜻이야.

기사회생은 _____ 뻔하다 다시 살아난다는 뜻으로, 위기 속에서 일어서는 모습을 나타내지.

4 다음 중 '사(死)'가 쓰이지 않은 어휘를 찾아 ◯ 하세요.

사생결단   기사회생   사방팔방   매사마골   토사구팽

5 문장을 각각 읽고 밑줄 친 곳에 들어갈 알맞은 어휘를 찾아 연결하세요.

아이돌은 인기가 사라지자, 회사에서 _____ 당하고 말았다.	사후약방문
'소 잃고 외양간 고친다'는 _____과 의미가 같은 속담이다.	구사일생
미미 할아버지는 전쟁터에서 _____으로 살아 돌아오셨다.	토사구팽
총총이네 반은 _____의 각오로 날마다 연습하여 축구 대회에서 우승했다.	사생결단

29 일차

6 제시된 어휘 중 알맞은 것을 활용하여 문장을 완성하세요.

생로병사
vs
매사마골

✐ 불교에서는 사람이 반드시 겪게 되는 네 가지 고통을 _____ 한다.

토사구팽
vs
기사회생

✐ 교통사고로 혼수 상태에 빠진 환자가 한 달 만에 기적같이 _____

한자의 뜻과 음을 확인하고 따라 쓰세요.

한자 따라 쓰기

뜻
세대
세 世
음   모양

✎ 기본 실용 어휘

1 '세(世)'가 들어간 어휘를 읽어 보고, 뜻풀이에서 한자의 뜻과 연관된 글자에 ◯ 하세요.

세상만사

世상만사

세대 **세** 위 **상** 일만 **만** 일 **사**

세상 에서 일어나는 온갖 일

절세미인

절世미인

끊을 **절** 세대 **세** 아름다울 **미** 사람 **인**

세상에 비교할 만한 사람이 없을
정도로 뛰어나게 아름다운 여인

142

💡 아래 글을 읽고 질문에 답하세요.

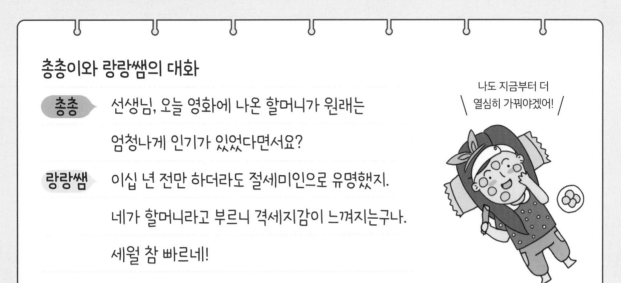

총총이와 랑랑쌤의 대화

총총 선생님, 오늘 영화에 나온 할머니가 원래는

엄청나게 인기가 있었다면서요?

랑랑쌤 이십 년 전만 하더라도 절세미인으로 유명했지.

네가 할머니라고 부르니 격세지감이 느껴지는구나.

세월 참 빠르네!

나도 지금부터 더
열심히 가꿔야겠어!

30
일차

• 랑랑쌤은 영화 배우에 대해 뭐라고 소개했나요?

✎ _____으로 유명했다.

• 랑랑쌤은 어떻게 세월의 흐름을 깨달았나요?

✎ 총총이가 영화 배우를 할머니라고 부르니 _____ 을 느꼈다.

입신출세

입신출世

설 **립** 몸 **신** 날 **출** 세대 **세**

성공하여 **세상**에 이름을 떨침

격세지감

격世지감

막을 **격** 세대 **세** 갈 **지** 느낄 **감**

크게 변하여 **세상**이 달라졌다고
느끼는 감정

2 뜻풀이를 각각 읽고 빈칸을 채워 어휘를 완성하세요.

세상을 어지럽히고 백성을
거짓으로 속임

혹 ◻ 무민

세상을 다스리고 백성을 구함

경 ◻ 제민

世

세월이 아무리 흘러도
변하지 않음

만 ◻ 불변

그릇된 학문을 이용하여
세상에 아부함

곡학아 ◻

3 '세(世)'의 뜻을 떠올리며 밑줄 친 곳에 공통으로 들어갈 글자를 쓰세요.

격세지감은 크게 변하여
_____이 달라졌다고
느끼는 감정을 말해.

경세제민은 _____을
다스리고 백성을 구한다는
뜻이지.

✐ _____

4 다음 중 '세(世)'가 쓰이지 않은 어휘를 찾아 ◯ 하세요.

입신출세　　　혹세무민　　　경세제민　　　만세불변　　　파죽지세

5 문장을 각각 읽고 밑줄 친 곳에 들어갈 알맞은 어휘를 찾아 연결하세요.

이집트 여왕 클레오파트라는 빼어난 아름다움을 가진 _____으로 유명했다. · · 세상만사

경제는 _____을 줄인 말로, 세상과 백성을 구하고 나라를 다스린다는 의미를 지닌다. · · 절세미인

오랜만에 고향을 찾은 총총이 엄마는 몰라보게 달라진 모습에 _____을 느꼈다. · · 격세지감

국어 시험을 망친 심심이는 _____가 귀찮게 느껴졌다. · · 경세제민

6 제시된 어휘 중 알맞은 것을 활용하여 문장을 완성하세요.

만세불변
vs
혹세무민

🖋 현재 과학 이론이 _____ 진리는 아니다.

입신출세
vs
곡학아세

🖋 조선 시대 양반은 과거 시험을 통해 _____

수 있었다.

145

어휘랑 총정리

1 빈칸에 공통으로 들어가는 글자를 찾아 연결하세요.

☐상만사

만☐불변

・

막☐가내

유비☐환

・

유유☐종

괄목☐대

・ 없을 무(無)

・ 서로 상(相)

・ 세대 세(世)

2 문장을 각각 읽고 내용에 알맞은 어휘를 골라 ◯ 하세요.

🔊 총총이에게 엄마의 잔소리는 (견**마**지로 / 지록위**마** / **마**이동풍 / 주**마**간산)이었다.

🔊 소풍 소식에 신난 아이들이 (중구**난**방 / 다사다**난** / 각골**난**망 / 진퇴양**난**)으로 떠들었다.

🔊 <흥부전> 속 놀부는 자신의 잘못을 뉘우치고 (다다익**선** / 개과천**선** / 권**선**징악/ **선**악상반)했다.

🔊 랑랑쌤은 아이들의 취미를 듣다 (격**세**지감 / 경**세**제민 / 절**세**미인 / 혹**세**무민)을 느꼈다.

146

3 채팅 속 빈칸에 들어갈 글자를 쓰고, 같은 한자가 들어간 어휘를 찾아 묶으세요.

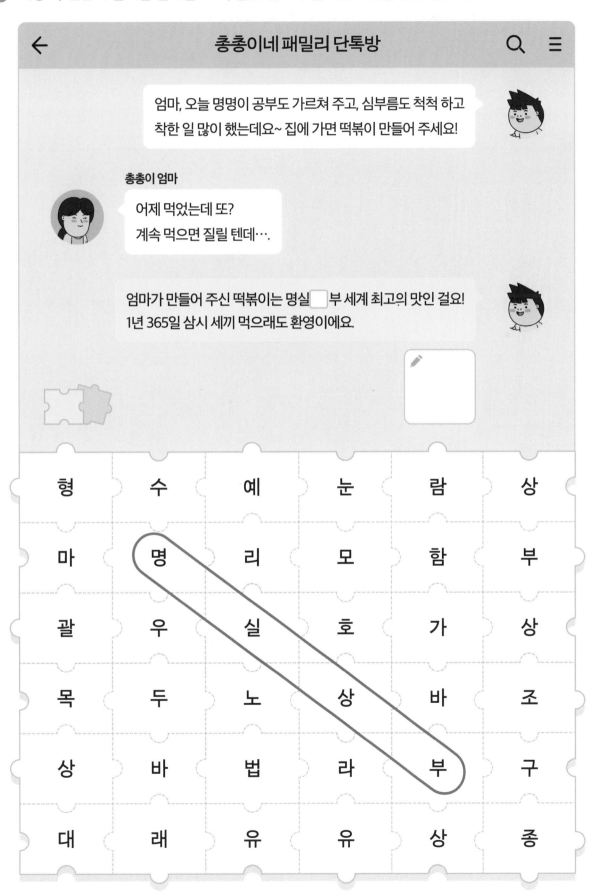

4 가로세로 열쇠의 뜻풀이를 읽고 퍼즐을 완성하세요.

❶❶ 무(無)			물		
		❸	❷ 다(多)		❸ 선(善)
진					
					상
❷			난(難)		

가로 열쇠

❶ 쓸모없는 물건이나 사람
❷ 앞으로 나아가지도 뒤로 물러날 수도 없는 상태라는 뜻으로, 이러지도 저러지도 못하는 어려운 처지를 이름
❸ 많으면 많을수록 좋음

세로 열쇠

❶ 끝이 없고 다함이 없음
❷ 여러 가지 일도 많고 어려움도 많음
❸ 선과 악이 반씩 섞여 있음

5 보기 속 어휘를 활용하여 문장을 완성하세요.

> **보기**
>
> 상부상조   진퇴양난   기사회생   무병장수   죽마고우

예시 총총이와 심심이는 유치원 때부터 함께한 ___죽마고우이다.___

💬 새해 첫날, 명명이는 할머니의 _____ 빌었다.

💬 심심이와 미미는 준비물을 빠트릴 때마다 _____ 서로의 것을 빌려준다.

💬 출근 시간 지하철은 고장 나고 도로도 꽉 막혀 _____

💬 한국 축구 대표팀은 경기가 끝나기 직전 골을 넣어 _____

6 제시된 어휘를 활용하여 문장을 만드세요.

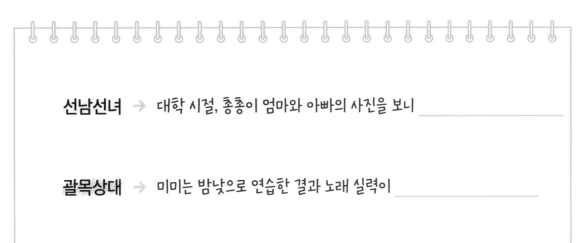

선남선녀 → 대학 시절, 총총이 엄마와 아빠의 사진을 보니 _____

괄목상대 → 미미는 밤낮으로 연습한 결과 노래 실력이 _____

학습 어휘 찾아보기

이서윤쌤의
초등 한자 어휘
끝내기

습관이 실력이 되는 **주요 과목 필수 어휘 학습**

이서윤쌤의

초등 한자 어휘 끝내기

3단계

정답

메가스터디 BOOKS

이서윤쌤의

초등 한자 어휘

끝내기

3단계

정답

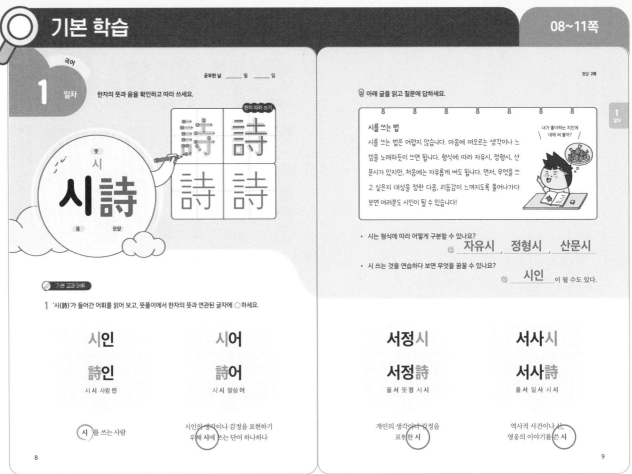

국어

1 일차

공부한 날 _____ 월 _____ 일

한자의 뜻과 음을 확인하고 따라 쓰세요.

한자 따라 쓰기

뜻 시

시 詩

음   모양

詩 詩
詩 詩

기본 교과 어휘

1 '시(詩)'가 들어간 어휘를 읽어 보고, 뜻풀이에서 한자의 뜻과 연관된 글자에 ○하세요.

시인
詩인
시 시 사람 인

○시 를 쓰는 사람

시어
詩어
시 시 말씀 어

시인이 생각이나 감정을 표현하기 위해 시에 쓰는 단어 하나하나

아래 글을 읽고 질문에 답하세요.

정답 2쪽

시를 쓰는 법

시를 쓰는 법은 어렵지 않습니다. 마음에 떠오르는 생각이나 느낌을 노래하듯이 쓰면 됩니다. 형식에 따라 자유시, 정형시, 산문시가 있지만, 처음에는 자유롭게 써도 됩니다. 먼저, 무엇을 쓰고 싶은지 대상을 정한 다음, 리듬감이 느껴지도록 풀어나가다 보면 여러분도 시인이 될 수 있습니다!

내가 좋아하는 치킨에 대해 써 볼까?

• 시는 형식에 따라 어떻게 구분할 수 있나요?

   ✎ __자유시__   __정형시__   __산문시__

• 시 쓰는 것을 연습하다 보면 무엇을 꿈꿀 수 있나요?

   ✎ __시인__ 이 될 수도 있다.

서정시
서정詩
풀 서 뜻 정 시 시

개인의 생각이나 감정을 표현한 ○시

서사시
서사詩
풀 서 일사 시 시

역사적 사건이나 신, 영웅의 이야기를 쓴 ○시

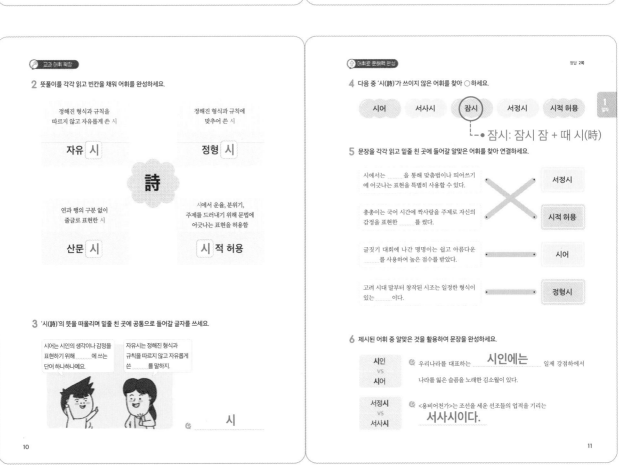

교과 어휘 확장

2 뜻풀이를 각각 읽고 빈칸을 채워 어휘를 완성하세요.

정해진 형식과 규칙을 따르지 않고 자유롭게 쓴 시

자유 시

정해진 형식과 규칙에 맞추어 쓴 시

정형 시

詩

연과 행의 구분 없이 줄글로 표현한 시

산문 시

시에서 운율, 분위기, 주제를 드러내기 위해 문법에 어긋나는 표현을 허용함

시 적 허용

3 '시(詩)'의 뜻을 떠올리며 밑줄 친 곳에 공통으로 들어갈 글자를 쓰세요.

시어는 시인의 생각이나 감정을 표현하기 위해 _____ 에 쓰는 단어 하나하나예요.

자유시는 정해진 형식과 규칙을 따르지 않고 자유롭게 쓴 _____ 를 말하지.

✎ _____ 시

어휘로 문해력 완성

정답 2쪽

4 다음 중 '시(詩)'가 쓰이지 않은 어휘를 찾아 ○하세요.

시어   서사시   ○잠시   서정시   시적 허용

└┈▶ **잠시**: 잠시 잠 + 때 시(時)

5 문장을 각각 읽고 밑줄 친 곳에 들어갈 알맞은 어휘를 찾아 연결하세요.

시에서는 _____ 을 통해 맞춤법이나 띄어쓰기에 어긋나는 표현을 특별히 사용할 수 있다. • | • 서정시

총총이는 국어 시간에 짝사랑을 주제로 자신의 감정을 표현한 _____ 를 썼다. • | • 시적 허용

글짓기 대회에 나간 명랑이는 쉽고 아름다운 _____ 를 사용하여 높은 점수를 받았다. • | • 시어

고려 시대 말부터 창작된 시조는 일정한 형식이 있는 _____ 이다. • | • 정형시

6 제시된 어휘 중 알맞은 것을 활용하여 문장을 완성하세요.

시인
vs
시어

✎ 우리나라를 대표하는 **시인에는** _____ 일제 강점하에서 나라를 잃은 슬픔을 노래한 김소월이 있다.

서정시
vs
서사시

✎ <용비어천가>는 조선을 세운 선조들의 업적을 기리는 **서사시이다.**

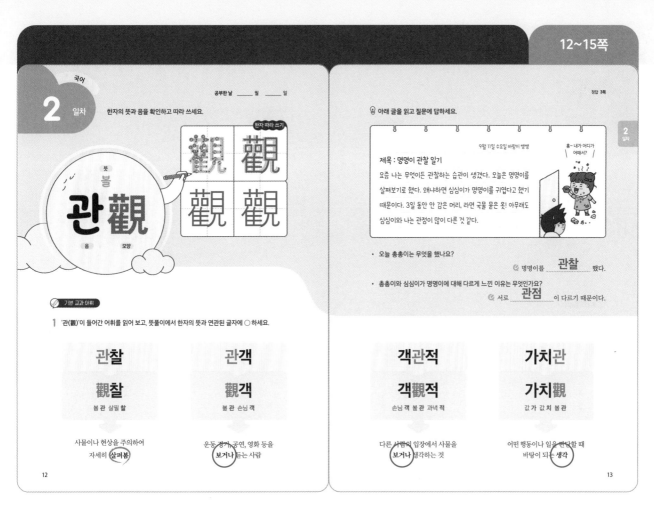

국어

2 일차

한자의 뜻과 음을 확인하고 따라 쓰세요.

공부한 날 _____ 월 _____ 일

한자 따라 쓰기

뜻 **볼**
관 觀
음 모양

기본 교과 어휘

1 '관(觀)'이 들어간 어휘를 읽어 보고, 뜻풀이에서 한자의 뜻과 연관된 글자에 ○하세요.

관찰
觀찰
볼 관 살필 찰
사물이나 현상을 주의하여
자세히 살펴봄

관객
觀객
볼 관 손님 객
운동 경기, 공연, 영화 등을
보거나 듣는 사람

정답 3쪽

아래 글을 읽고 질문에 답하세요.

9월 11일 수요일 바람이 쌩쌩

제목 : 명명이 관찰 일기

요즘 나는 무엇이든 관찰하는 습관이 생겼다. 오늘은 명명이를 살펴보기로 했다. 왜냐하면 심심이가 명명이를 귀엽다고 했기 때문이다. 3일 동안 안 감은 머리, 라면 국물 묻은 옷! 아무래도 심심이와 나는 관점이 많이 다른 것 같다.

홀~ 내가 어디가 어때서?

• 오늘 총총이는 무엇을 했나요?
  명명이를 __관찰__ 했다.

• 총총이와 심심이가 명명이에 대해 다르게 느낀 이유는 무엇인가요?
  서로 __관점__ 이 다르기 때문이다.

객관적
객觀적
손님 객 볼 관 과녁 적
다른 사람의 입장에서 사물을
보거나 생각하는 것

가치관
가치觀
값 가 값 치 볼 관
어떤 행동이나 일을 판단할 때
바탕이 되는 생각

12

13

교과 어휘 확장

2 뜻풀이를 각각 읽고 빈칸을 채워 어휘를 완성하세요.

사물이나 현상을
바라보는 태도, 방향
관 점

사람들의 행동을 결정하는
잘 변하지 않는 생각
고정 관 념

觀

원래 표현하고자 하는 대상
원 관 념

원관념을 빗대어 나타낸
다른 대상
보조 관 념

3 '관(觀)'의 뜻을 떠올리며 밑줄 친 곳에 공통으로 들어갈 글자를 쓰세요.

관객은 운동 경기, 공연,
영화 등을 ___ 듣는
사람이야.

'객관적'은 다른 사람의
입장에서 사물을
생각하는 것을 말하지.

__보거나__

14

어휘로 문해력 완성

정답 3쪽

4 다음 중 '관(觀)'이 쓰이지 않은 어휘를 찾아 ○하세요.

관객 고정 관념 관점 가치관 (도서관)

도서관 : 그림 도 + 글 서 + 객사 관(館)

5 문장을 각각 읽고 밑줄 친 곳에 들어갈 알맞은 어휘를 찾아 연결하세요.

미미는 병아리의 성장 과정을 ___ 해
서 보고서를 썼다.

___과 보조 관념 사이에는 모양이나
색깔, 성질 등의 공통점이 있다.

머리가 긴 사람을 여자라고 생각하는 것
은 ___이다.

설명문은 어떤 사실이나 정보를
___으로 전달해야 한다.

객관적

고정 관념

원관념

관찰

6 제시된 어휘 중 알맞은 것을 활용하여 문장을 완성하세요.

관찰
vs
관점

논설문은 글쓴이의 __관점이__
분명하게 나타난 글이다.

원관념
vs
보조 관념

'사과 같은 내 얼굴'이라는 표현에서 '사과'는
__보조 관념이다.__

15

국어

3 일차

한자의 뜻과 음을 확인하고 따라 쓰세요.

공부한 날 _____ 월 _____ 일

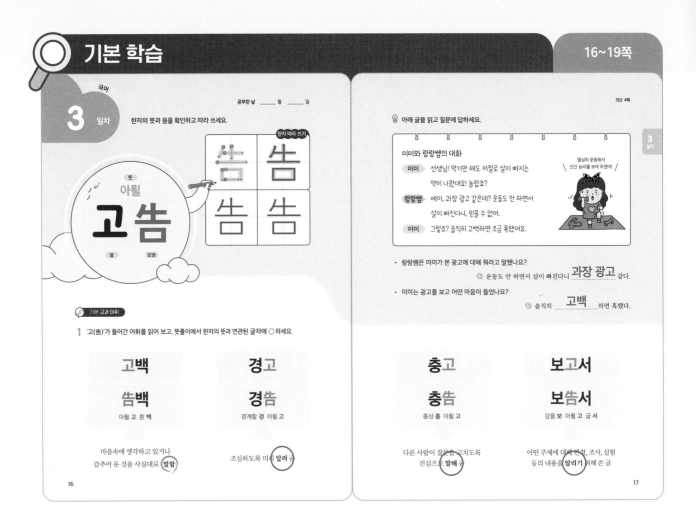

한자 따라 쓰기

뜻
아뢸

고 告

음 모양

기본 교과 어휘

1 '고(告)'가 들어간 어휘를 읽어 보고, 뜻풀이에서 한자의 뜻과 연관된 글자에 ○ 하세요.

고백

告백

아뢸 고 흰 백

마음속에 생각하고 있거나
감추어 둔 것을 사실대로 (**말함**)

경고

경告

경계할 경 아뢸 고

조심하도록 미리 **알려** 줌

정답 4쪽

3
일차

💡 아래 글을 읽고 질문에 답하세요.

미미와 랑랑쌤의 대화

미미 선생님! 먹기만 해도 저절로 살이 빠지는
약이 나왔대요! 놀랍죠?

랑랑쌤 에이, 과장 광고 같은데? 운동도 안 하면서
살이 빠진다니, 믿을 수 없어.

미미 그렇죠? 솔직히 고백하면 조금 혹했어요.

열심히 운동해서
인간 승리를 보여 주겠어!

• 랑랑쌤은 미미가 본 광고에 대해 뭐라고 말했나요?

✍ 운동도 안 하면서 살이 빠진다니 **과장 광고** 같다.

• 미미는 광고를 보고 어떤 마음이 들었나요?

✍ 솔직히 **고백** 하면 혹했다.

충고

충告

충성 충 아뢸 고

다른 사람이 잘못을 고치도록
진심으로 **말해** 줌

보고서

보告서

감을 보 아뢸 고 글 서

어떤 주제에 대해 관찰, 조사, 실험
등의 내용을 **알리기** 위해 쓴 글

교과 어휘 확장

2 뜻풀이를 각각 읽고 빈칸을 채워 어휘를 완성하세요.

상품을 널리 알리기 위해 쓴 글

광 고 문

상품의 기능을 실제보다
부풀리는 광고

과장 광 고

告

상품에 대해 사실이 아닌
정보를 사용하는 광고

허위 광 고

기업이나 단체가 여러 사람의
이익을 위해 만든 광고

공익 광 고

3 '고(告)'의 뜻을 떠올리며 밑줄 친 곳에 공통으로 들어갈 글자를 쓰세요.

보고서는 어떤 주제에 대해
관찰, 조사, 실험 등의 내용을
_____ 위해 쓴 글이야.

광고문은 상품을 널리
_____ 위해 쓴 글을
말하지.

✍ **알리기**

어휘로 문해력 완성

정답 4쪽

3
일차

4 다음 중 '고(告)'가 쓰이지 않은 어휘를 찾아 ○ 하세요.

최고 보고서 고백 경고 과장 광고

┈▶ 최고: 가장 최 + 높을 고(高)

5 문장을 각각 읽고 밑줄 친 곳에 들어갈 알맞은 어휘를 찾아 연결하세요.

오늘 총총이는 미미에게 사랑을
_____ 하기로 결심했다.

랑랑쌤은 지하철에서 시끄럽게 떠드는 아
이들을 향해 조용히 하라고 _____ 했다.

_____ 은 기업을 알리거나 상품이 더 많
이 팔리도록 만드는 데 목적이 있다.

SNS에서 화장품을 _____ 로 판 업체들이
경찰에 구속되었다.

허위 광고

고백

충고

광고문

6 제시된 어휘 중 알맞은 것을 활용하여 문장을 완성하세요.

보고서
VS
광고문

✍ 심심이가 학급 친구들의 취미 활동에 대한 조사를 끝낸 뒤,
보고서를 작성했다.

허위 광고
VS
공익 광고

✍ TV에 에너지를 아껴 쓰자는 **공익 광고가** 나왔다.

16

17

18

19

국어

4 일차

공부한 날 _____ 월 _____ 일

한자의 뜻과 음을 확인하고 따라 쓰세요.

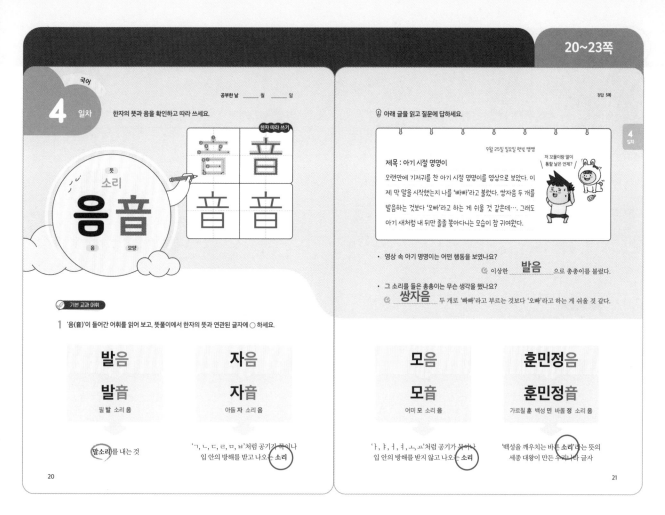

한자 따라 쓰기

뜻
소리

음音

음   모양

기본 교과 어휘

1 '음(音)'이 들어간 어휘를 읽어 보고, 뜻풀이에서 한자의 뜻과 연관된 글자에 ○ 하세요.

발음
발音
필 발 소리 음

말소리를 내는 것

자음
자音
아들 자 소리 음

'ㄱ, ㄴ, ㄷ, ㅁ, ㅂ'처럼 공기가 목이나 입 안의 방해를 받고 나오는 소리

모음
모音
어미 모 소리 음

'ㅏ, ㅑ, ㅓ, ㅕ, ㅗ, ㅛ'처럼 공기가 목이나 입 안의 방해를 받지 않고 나오는 소리

훈민정음
훈민정音
가르칠 훈 백성 민 바를 정 소리 음

'백성을 깨우치는 바른 소리'라는 뜻의 세종 대왕이 만든 우리나라 글자

아래 글을 읽고 질문에 답하세요.

정답 5쪽

4 일차

> 9월 25일 일요일 햇빛 쨍쨍
>
> 제목 : 아기 시절 명명이
>
> 오랜만에 기저귀를 찬 아기 시절 명명이를 영상으로 보았다. 이제 막 말을 시작했는지 나를 '빠빠'라고 불렀다. 쌍자음 두 개를 발음하는 것보다 '오빠'라고 하는 게 쉬울 것 같은데…. 그래도 아기 새처럼 내 뒤만 졸졸 쫓아다니는 모습이 참 귀여웠다.

저 꼬물이랑 말이 통할 날은 언제?

- 영상 속 아기 명명이는 어떤 행동을 보였나요?
  이상한 **발음** 으로 총총이를 불렀다.

- 그 소리를 들은 총총이는 무슨 생각을 했나요?
  쌍자음 두 개로 '빠빠'라고 부르는 것보다 '오빠'라고 하는 게 쉬울 것 같다.

교과 어휘 확장

2 뜻풀이를 각각 읽고 빈칸을 채워 어휘를 완성하세요.

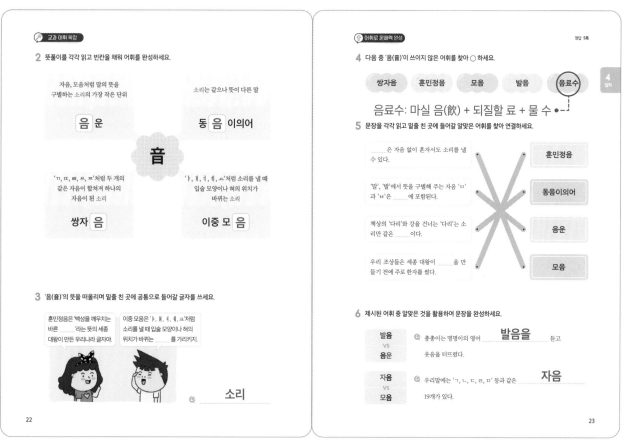

자음, 모음처럼 말의 뜻을 구별하는 소리의 가장 작은 단위
음운

소리는 같으나 뜻이 다른 말
동음이의어

音

'ㄲ, ㄸ, ㅃ, ㅆ, ㅉ'처럼 두 개의 같은 자음이 합쳐져 하나의 자음이 된 소리
쌍자음

'ㅑ, ㅒ, ㅕ, ㅖ, ㅛ'처럼 소리를 낼 때 입술 모양이나 혀의 위치가 바뀌는 소리
이중모음

3 '음(音)'의 뜻을 떠올리며 밑줄 친 곳에 공통으로 들어갈 글자를 쓰세요.

> 훈민정음은 '백성을 깨우치는 바른 ____라는 뜻의 세종 대왕이 만든 우리나라 글자야.
>
> 이중모음은 'ㅑ, ㅒ, ㅕ, ㅖ, ㅛ'처럼 소리를 낼 때 입술 모양이나 혀의 위치가 바뀌는 ____를 가리키지.

소리

어휘로 문해력 완성

정답 5쪽

4 다음 중 '음(音)'이 쓰이지 않은 어휘를 찾아 ○ 하세요.

쌍자음   훈민정음   모음   발음   **음료수**

음료수: 마실 음(飮) + 되질할 료 + 물 수

5 문장을 각각 읽고 밑줄 친 곳에 들어갈 알맞은 어휘를 찾아 연결하세요.

____은 자음 없이 혼자서도 소리를 낼 수 있다.

'말', '발'에서 뜻을 구별해 주는 자음 'ㅁ'과 'ㅂ'은 ____에 포함된다.

책상의 '다리'와 강을 건너는 '다리'는 소리만 같은 ____이다.

우리 조상들은 세종 대왕이 ____을 만들기 전에 주로 한자를 썼다.

- 훈민정음
- 동음이의어
- 음운
- 모음

6 제시된 어휘 중 알맞은 것을 활용하여 문장을 완성하세요.

발음 vs **음운**
총총이는 명명이의 영어 **발음을** 듣고 웃음을 터뜨렸다.

자음 vs **모음**
우리말에는 'ㄱ, ㄴ, ㄷ, ㄹ, ㅁ' 등과 같은 **자음** 19개가 있다.

5

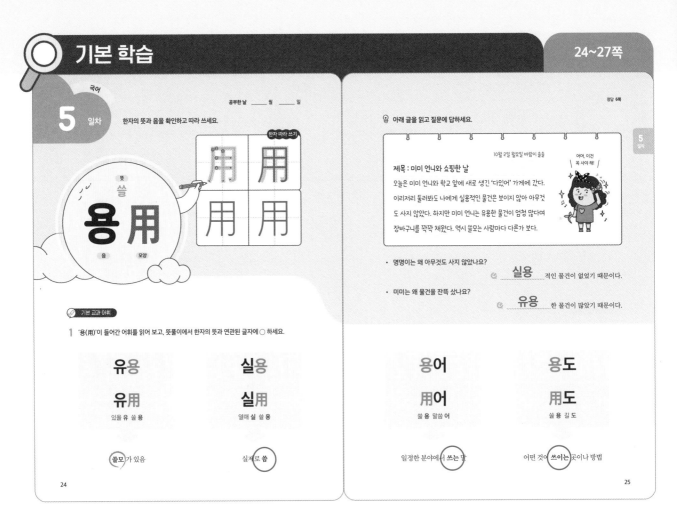

한자의 뜻과 음을 확인하고 따라 쓰세요.

한자 따라 쓰기

뜻 쓸

용 用

용 　 모양

기본 교과 어휘

1 '용(用)'이 들어간 어휘를 읽어 보고, 뜻풀이에서 한자의 뜻과 연관된 글자에 ○ 하세요.

유용 / 유用 / 있을 유 쓸 용 / **쓸모**가 있음

실용 / 실用 / 열매 실 쓸 용 / 실제로 **쓰**

정답 6쪽

아래 글을 읽고 질문에 답하세요.

10월 2일 월요일 바람이 솔솔

어머, 이건
꼭 사야 해!

제목 : 미미 언니와 쇼핑한 날

오늘은 미미 언니와 학교 앞에 새로 생긴 '다있어' 가게에 갔다. 이리저리 둘러봐도 나에게 실용적인 물건은 보이지 않아 아무것도 사지 않았다. 하지만 미미 언니는 유용한 물건이 엄청 많다며 장바구니를 꽉꽉 채웠다. 역시 쓸모는 사람마다 다른가 보다.

· 명명이는 왜 아무것도 사지 않았나요?

　　　실용　적인 물건이 없었기 때문이다.

· 미미는 왜 물건을 잔뜩 샀나요?

　　　유용　한 물건이 많았기 때문이다.

용어 / 用어 / 쓸 용 말씀 어 / 일정한 분야에서 **쓰이는** 말

용도 / 用도 / 쓸 용 길 도 / 어떤 것에 **쓰이는** 곳이나 방법

교과 어휘 확장

2 뜻풀이를 각각 읽고 빈칸을 채워 어휘를 완성하세요.

둘 이상의 낱말이 합쳐져 원래와 다른 새로운 뜻으로 굳어져 쓰이는 말

관 **용** 어

다른 사람의 말이나 글에서 필요한 부분을 빌려 쓰는 것

인 **용**

用

사람이나 사물의 움직임을 나타내는 '동사'와 상태, 성질을 표현하는 '형용사'를 묶어 이르는 말

용 언

문장 안에서 동사, 형용사의 형태가 변하는 것

활 **용**

3 '용(用)'의 뜻을 떠올리며 밑줄 친 곳에 공통으로 들어갈 글자를 쓰세요.

용어는 일정한 분야에서 ＿＿＿ 말이야.

인용은 다른 사람의 말이나 글에서 필요한 부분을 빌려 ＿＿＿ 것을 가리키.

　　　쓰는

어휘로 문해력 완성

정답 6쪽

4 다음 중 '용(用)'이 쓰이지 않은 어휘를 찾아 ○ 하세요.

（**용서**）　（실용）　（유용）　（활용）　（용어）

┈▶ 용서: 얼굴 용(容) + 용서할 서

5 문장을 각각 읽고 밑줄 친 곳에 들어갈 알맞은 어휘를 찾아 연결하세요.

'밤공기가 시원하다'라는 문장에서 공기 상태를 설명하는 '시원하다'는 ＿＿＿ 에 포함된다. · ——— · 용도

학예회 날, 총총이네 교실은 다른 ＿＿＿ 로 쓰일 예정이다. · ——— · 용언

랑랑쌤은 시간을 효율적으로 관리할 수 있는 ＿＿＿ 적인 방법을 알려 주셨다. · ——— · 활용

'먹다'는 '먹고', '먹었다'와 같이 문장에서 다양한 모습으로 ＿＿＿ 할 수 있다. · ——— · 실용

6 제시된 어휘 중 알맞은 것을 활용하여 문장을 완성하세요.

용어
vs
용언

문장에서 **용언은** ＿＿＿ '(누가/무엇이) 어찌하다', '(누가/무엇이) 어떠하다'와 같은 역할을 한다.

관용어
vs
인용

'입이 짧다'는 음식을 적게 먹거나 음식에 관심이 없을 때 사용하는 **관용어이다.**

알아서 바른 내용을 마음리며 확실하게 내 것으로 만들어요!

어휘랑 총정리

공부한 날 _____월 _____일

1 빈칸에 공통으로 들어가는 글자를 찾아 연결하세요.

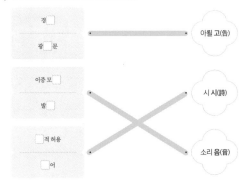

- 경□
- 광□문
- 아뢸 고(告)

- 이중 모□
- □발
- 시 시(詩)

- □적 허용
- □어
- 소리 음(音)

2 문장을 각각 읽고 내용에 알맞은 어휘를 골라 ○ 하세요.

🔊 김소월의 <진달래꽃>은 우리나라의 대표적인 (시인 / 시어 / 서정시 / 서사시)이다.

🔊 축구 경기에서 심판에게 (고백 / 경고 / 충고 / 보고서) 두 번을 받으면 퇴장이다.

🔊 사람의 '배'와 물에 뜨는 '배'는 (발음 / 자음 / 모음 / 동음이의어) 관계이다.

🔊 심심이는 야구 (용어 / 관용어 / 용도 / 용언)를 몰라서 경기를 제대로 이해할 수 없었다.

28

정답 7쪽

3 채팅 속 빈칸에 들어갈 글자를 쓰고, 같은 한자가 들어간 어휘를 찾아 묶으세요.

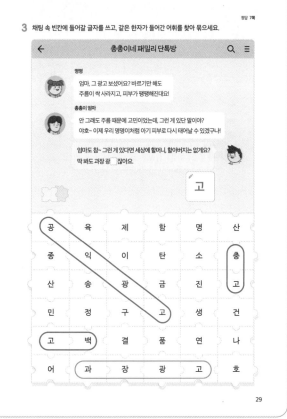

29

---

4 가로세로 열쇠의 뜻풀이를 읽고 퍼즐을 완성하세요.

❶훈		❷자	유	❷시(詩)
민				인
정				
❶음(音)	운	❹가	치	❹관(觀)
	❸인			점
	❸용(用)	어		

가로열쇠
❶ 자음, 모음처럼 말의 뜻을 구별하는 소리의 가장 작은 단위
❷ 정해진 형식과 규칙을 따르지 않고 자유롭게 쓴 시
❸ 일정한 분야에서 쓰는 말
❹ 어떠한 행동이나 일을 판단할 때 바탕이 되는 생각

세로열쇠
❶ '백성을 깨우치는 바른 소리'라는 뜻의 세종 대왕이 만든 우리나라 글자
❷ 시를 쓰는 사람
❸ 다른 사람의 말이나 글에서 필요한 부분을 빌려 쓰는 것
❹ 사물이나 현상을 바라보는 태도, 방향

30

정답 7쪽

5 보기 속 어휘를 활용하여 문장을 완성하세요.

보기
관용어　관객　시인　보고서　훈민정음

예시 지진 현장을 방문한 공무원이 피해 상황을 **보고서** 제출했다.

✏️ 김삿갓은 조선 팔도를 돌아다니며 여러 편의 시를 남긴 **시인이다.**

✏️ '발이 넓다'는 발의 너비가 아니라, 아는 사람이 많다는 **관용어이다.**

✏️ 미미의 연극이 끝나자, **관객이** 모두 일어나 박수를 쳤다.

✏️ 세종대왕이 만든 **훈민정음으로** 글을 읽고 쓸 줄 아는 사람들이 늘어났다.

6 제시된 어휘를 활용하여 문장을 만드세요.

관찰　➡ 심심이는 강낭콩이 자라는 과정을 **예시 관찰해서 수첩에 기록했다.**

용도　➡ 랑랑쌤은 선물받은 그릇을 **예시 용도에 따라 구분했다.**

31

7

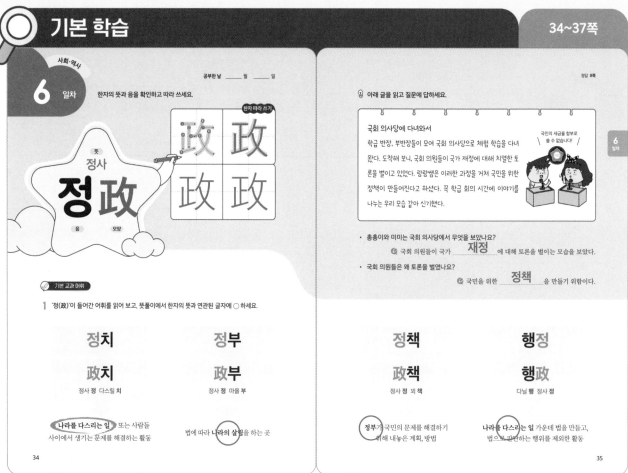

사회·역사

6 일차

공부한날 _____ 월 _____ 일

한자의 뜻과 음을 확인하고 따라 쓰세요.

한자 따라 쓰기

政 政
政 政

뜻 **정사**

음 **정** 모양 **政**

기본 교과 어휘

1 '정(政)'이 들어간 어휘를 읽어 보고, 뜻풀이에서 한자의 뜻과 연관된 글자에 ○ 하세요.

정치
政治
정사 정 다스릴 치

○나라를 다스리는 일 또는 사람들
사이에서 생기는 문제를 해결하는 활동

정부
政府
정사 정 마을 부

법에 따라 나라의 살림을 하는 곳

정답 8쪽

🔍 아래 글을 읽고 질문에 답하세요.

국회 의사당에 다녀와서
학급 반장, 부반장들이 모여 국회 의사당으로 체험 학습을 다녀
왔다. 도착해 보니, 국회 의원들이 국가 재정에 대해 치열한 토
론을 벌이고 있었다. 랑랑쌤은 이러한 과정을 거쳐 국민을 위한
정책이 만들어진다고 하셨다. 꼭 학급 회의 시간에 이야기를
나누는 우리 모습 같아 신기했다.

국민의 세금을 함부로
쓸 수 없습니다!

• 총총이와 미미는 국회 의사당에서 무엇을 보았나요?
✏️ 국회 의원들이 국가 **재정** 에 대해 토론을 벌이는 모습을 보았다.

• 국회 의원들은 왜 토론을 벌였나요?
✏️ 국민을 위한 **정책** 을 만들기 위함이다.

정책
政策
정사 정 꾀 책

○정부가 국민의 문제를 해결하기
위해 내놓은 계획, 방법

행정
행政
다닐 행 정사 정

나라를 다스리는 일 가운데 법을 만들고,
법으로 판단하는 행위를 제외한 활동

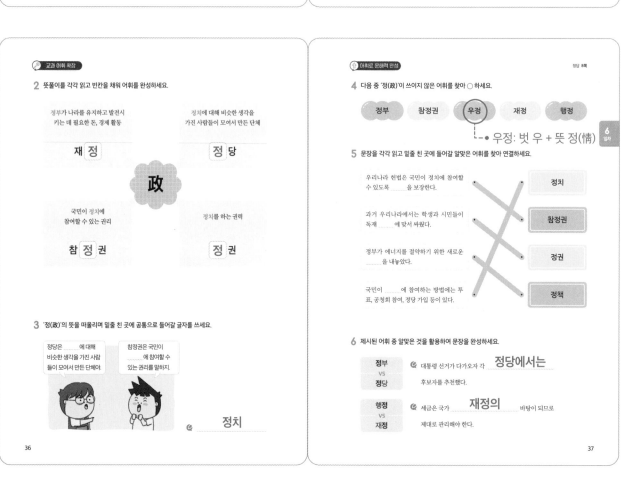

교과 어휘 확장

2 뜻풀이를 각각 읽고 빈칸을 채워 어휘를 완성하세요.

정부가 나라를 유지하고 발전시
키는 데 필요한 돈, 경제 활동

재 정

정치에 대해 비슷한 생각을
가진 사람들이 모여서 만든 단체

정 당

政

국민이 정치에
참여할 수 있는 권리

참 정 권

정치를 하는 권력

정 권

3 '정(政)'의 뜻을 떠올리며 밑줄 친 곳에 공통으로 들어갈 글자를 쓰세요.

정당은 ＿에 대해
비슷한 생각을 가진 사람
들이 모여서 만든 단체야.

참정권은 국민이
＿에 참여할 수
있는 권리를 말하지.

✏️ **정치**

어휘로 문해력 완성

정답 8쪽

4 다음 중 '정(政)'이 쓰이지 않은 어휘를 찾아 ○하세요.

정부 참정권 **우정** 재정 행정

┈▶ 우정: 벗 우 + 뜻 정(情)

5 문장을 각각 읽고 밑줄 친 곳에 들어갈 알맞은 어휘를 찾아 연결하세요.

우리나라 헌법은 국민이 정치에 참여할
수 있도록 ＿＿을 보장한다.

과거 우리나라에서는 학생과 시민들이
독재 ＿＿에 맞서 싸웠다.

정부가 에너지를 절약하기 위한 새로운
＿＿을 내놓았다.

국민이 ＿＿에 참여하는 방법에는 투
표, 공청회 참여, 정당 가입 등이 있다.

정치
참정권
정권
정책

6 제시된 어휘 중 알맞은 것을 활용하여 문장을 완성하세요.

정부
vs
정당

✏️ 대통령 선거가 다가오자 각 **정당에서는**
후보자를 추천했다.

행정
vs
재정

✏️ 세금은 국가 **재정의** 바탕이 되므로
제대로 관리해야 한다.

34

35

36

37

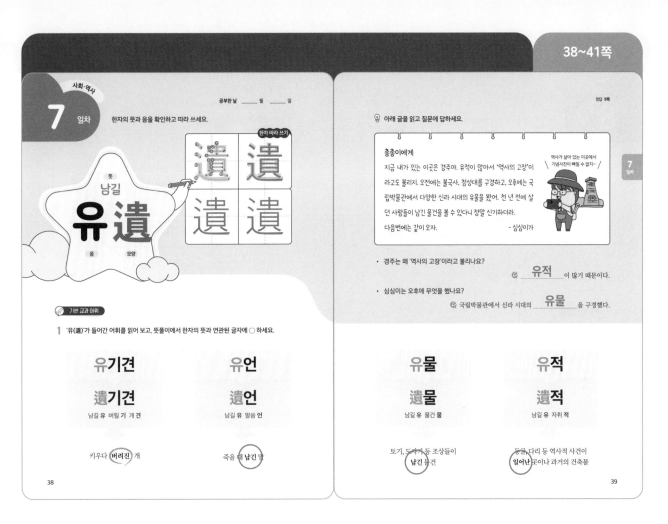

사회·역사

7 일차

한자의 뜻과 음을 확인하고 따라 쓰세요.

한자 따라 쓰기

뜻 남길

유遺

음 모양

遺 遺
遺 遺

기본 교과 어휘

1 '유(遺)'가 들어간 어휘를 읽어 보고, 뜻풀이에서 한자의 뜻과 연관된 글자에 ◯ 하세요.

유기견
遺기견
남길 유 버릴 기 개 견

키우다 (버려진) 개

유언
遺언
남길 유 말씀 언

죽을 때 (남긴 말)

아래 글을 읽고 질문에 답하세요.

정답 9쪽

총총이에게
지금 내가 있는 이곳은 경주야. 유적이 많아서 '역사의 고장'이라고도 불리지. 오전에는 불국사, 첨성대를 구경하고, 오후에는 국립박물관에서 다양한 신라 시대의 유물을 봤어. 천 년 전에 살던 사람들이 남긴 물건을 볼 수 있다니 정말 신기하더라.
다음번에는 같이 오자.   - 심심이가

역사가 살아 있는 이곳에서 기념사진이 빠질 수 없지~

• 경주는 왜 '역사의 고장'이라고 불리나요?
◎ __유적__ 이 많기 때문이다.

• 심심이는 오후에 무엇을 했나요?
◎ 국립박물관에서 신라 시대의 __유물__ 을 구경했다.

유물
遺物
남길 유 물건 물

토기, 도자기 등 조상이
남긴 물건

유적
遺적
남길 유 자취 적

절, 다리 등 역사적 사건이
일어난 곳이나 과거의 건축물

38

39

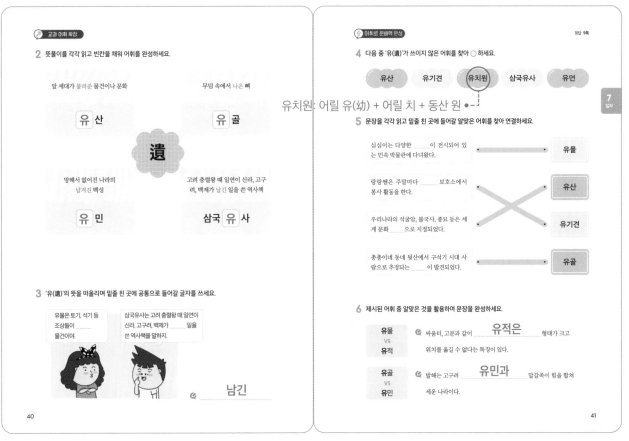

교과 어휘 확장

2 뜻풀이를 각각 읽고 빈칸을 채워 어휘를 완성하세요.

앞 세대가 물려준 물건이나 문화

유 산

遺

땅해서 없어진 나라의
남겨진 백성

유 민

무덤 속에서 나온 뼈

유 골

고려 충렬왕 때 일연이 신라, 고구려, 백제가 남긴 일을 쓴 역사책

삼국 유 사

3 '유(遺)'의 뜻을 떠올리며 밑줄 친 곳에 공통으로 들어갈 글자를 쓰세요.

유물은 토기, 석기 등
조상이 ____
물건이야.

삼국유사는 고려 충렬왕 때 일연이
신라, 고구려, 백제가 ____ 일을
쓴 역사책을 말하지.

◎ ____ 남긴

어휘로 문해력 완성

정답 9쪽

4 다음 중 '유(遺)'가 쓰이지 않은 어휘를 찾아 ◯ 하세요.

유산   유기견   (유치원)   삼국유사   유언

유치원: 어릴 유(幼) + 어릴 치 + 동산 원 •┄┄

5 문장을 각각 읽고 밑줄 친 곳에 들어갈 알맞은 어휘를 찾아 연결하세요.

심심이는 다양한 ____ 이 전시되어 있는 민속 박물관에 다녀왔다.   •   • 유물

랑랑쌤은 주말마다 ____ 보호소에서 봉사 활동을 한다.   •   • 유산

우리나라의 석굴암, 불국사, 종묘 등은 세계 문화 ____ 으로 지정되었다.   •   • 유기견

총총이네 동네 뒷산에서 구석기 시대 사람으로 추정되는 ____ 이 발견되었다.   •   • 유골

6 제시된 어휘 중 알맞은 것을 활용하여 문장을 완성하세요.

유물
VS
유적
◎ 싸움터, 고분과 같이 __유적은__ 형태가 크고 위치를 옮길 수 없다는 특징이 있다.

유골
VS
유민
◎ 발해는 고구려 __유민과__ 말갈족이 힘을 합쳐 세운 나라이다.

40

41

9

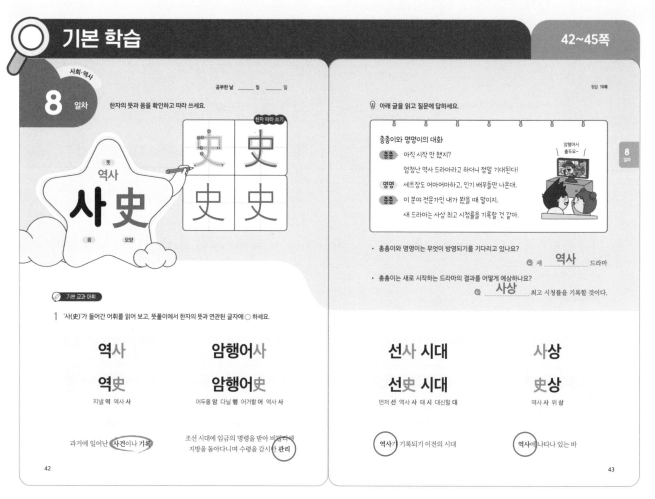

사회·역사

8 일차

공부한 날 _____ 월 _____ 일

한자의 뜻과 음을 확인하고 따라 쓰세요.

한자 따라 쓰기

뜻 역사
사 史
음 모양

기본 교과 어휘

1 '사(史)'가 들어간 어휘를 읽어 보고, 뜻풀이에서 한자의 뜻과 연관된 글자에 ○ 하세요.

역사
역史
지날 역 역사 사
과거에 일어난 (사건이나 기록)

암행어사
암행어史
어두울 암 다닐 행 어거할 어 역사 사
조선 시대에 임금의 명령을 받아 비밀리에 지방을 돌아다니며 수령을 감시한 관리

42

아래 글을 읽고 질문에 답하세요.

정답 10쪽

총총이와 명명이의 대화

총총 아직 시작 안 했지?
엄청난 역사 드라마라고 하더니 정말 기대된다!

명명 세트장도 어마어마하고, 인기 배우들만 나온대.

총총 이 분야 전문가인 내가 봤을 때 말이지.
새 드라마는 사상 최고 시청률을 기록할 것 같아.

암행어사 출두요~

• 총총이와 명명이는 무엇이 방영되기를 기다리고 있나요?
  새 __역사__ 드라마

• 총총이는 새로 시작하는 드라마의 결과를 어떻게 예상하나요?
  __사상__ 최고 시청률을 기록할 것이다.

선사 시대
선史 시대
먼저 선 역사 사 때 시 대신할 대
역사가 기록되기 이전의 시대

사상
史상
역사 사 위 상
역사에 나타나 있는 바

43

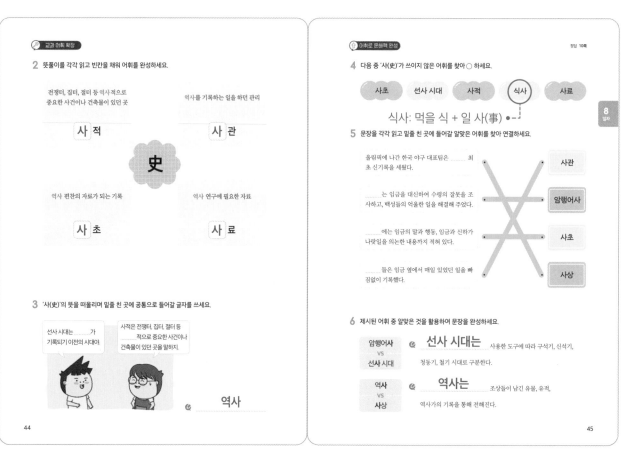

교과 어휘 확장

2 뜻풀이를 각각 읽고 빈칸을 채워 어휘를 완성하세요.

전쟁터, 집터, 절터 등 역사적으로 중요한 사건이나 건축물이 있던 곳
사 적

역사를 기록하는 일을 하던 관리
사 관

史

역사 편찬의 자료가 되는 기록
사 초

역사 연구에 필요한 자료
사 료

3 '사(史)'의 뜻을 떠올리며 밑줄 친 곳에 공통으로 들어갈 글자를 쓰세요.

선사 시대는 _____가 기록되기 이전의 시대야.

사적은 전쟁터, 집터, 절터 등 _____적으로 중요한 사건이나 건축물이 있던 곳을 말하지.

__역사__

44

어휘로 문해력 완성

정답 10쪽

4 다음 중 '사(史)'가 쓰이지 않은 어휘를 찾아 ○ 하세요.

사초   선사 시대   사적   (식사)   사료

식사: 먹을 식 + 일 사(事)

5 문장을 각각 읽고 밑줄 친 곳에 들어갈 알맞은 어휘를 찾아 연결하세요.

올림픽에 나간 한국 야구 대표팀은 _____ 최초 신기록을 세웠다.

_____는 임금을 대신하여 수령의 잘못을 조사하고, 백성들의 억울한 일을 해결해 주었다.

_____에는 임금의 말과 행동, 임금과 신하가 나랏일을 의논한 내용까지 적혀 있다.

_____들은 임금 옆에서 매일 있었던 일을 빠짐없이 기록했다.

사관
암행어사
사초
사상

6 제시된 어휘 중 알맞은 것을 활용하여 문장을 완성하세요.

암행어사 VS 선사 시대
__선사 시대는__ 사용한 도구에 따라 구석기, 신석기, 청동기, 철기 시대로 구분한다.

역사 VS 사상
__역사는__ 조상들이 남긴 유물, 유적, 역사가의 기록을 통해 전해진다.

45

9 일차 사회·역사

공부한 날 ___ 월 ___ 일

한자의 뜻과 음을 확인하고 따라 쓰세요.

한자 따라 쓰기

뜻 가릴
선 選
음 모양

기본 교과 어휘

1 '선(選)'이 들어간 어휘를 읽어 보고, 뜻풀이에서 한자의 뜻과 연관된 글자에 ○ 하세요.

선택
選택
가릴 선 가릴 택
여럿 가운데서 필요한 것을
(골라) 뽑음

선거
選거
가릴 선 들 거
일정한 모임이나 집단에서
대표를 (가려) 뽑는 일

선출
選출
가릴 선 날 출
여럿 가운데서 (골라) 냄

선거권
選거권
가릴 선 들 거 권세 권
선거에 참여하여 투표로
(가려) 뽑을 수 있는 권리

46

아래 글을 읽고 질문에 답하세요.

'민주주의의 꽃', 선거
나라의 주인으로서 가장 쉽고, 확실하게 민주주의를 실천할 수 있는 일이 있다. 바로 투표이다. 우리나라 국민은 누구나 일정한 나이가 되면 선거권이 생긴다. 그런데 점점 투표하는 사람들이 줄고 있다. 소중한 한 표가 모여 나라의 미래를 바꾼다는 사실을 잊지 말아야 한다.

선거권이 생기면 꼭 투표해야 해!

• 랑랑쌤은 무엇을 '민주주의의 꽃'에 빗댔나요?
→ **선거**

• 민주주의 국가인 우리나라에서 일정한 나이가 된 국민에게는 무엇이 생기나요?
→ **선거권**

47

정답 11쪽

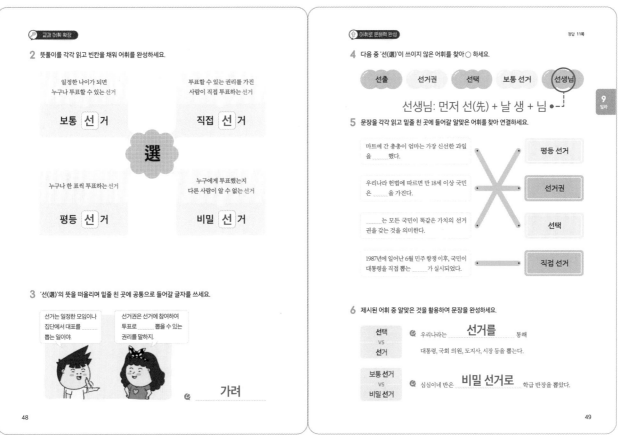

교과 어휘 확장

2 뜻풀이를 각각 읽고 빈칸을 채워 어휘를 완성하세요.

일정한 나이가 되면
누구나 투표할 수 있는 선거
보통 선 거

투표할 수 있는 권리를 가진
사람이 직접 투표하는 선거
직접 선 거

選

누구나 한 표씩 투표하는 선거
평등 선 거

누구에게 투표했는지
다른 사람이 알 수 없는 선거
비밀 선 거

3 '선(選)'의 뜻을 떠올리며 밑줄 친 곳에 공통으로 들어갈 글자를 쓰세요.

선거는 일정한 모임이나 집단에서 대표를 뽑는 일이야.

선거권은 선거에 참여하여 투표로 뽑을 수 있는 권리를 말하지.

→ **가려**

48

어휘로 문해력 완성

4 다음 중 '선(選)'이 쓰이지 않은 어휘를 찾아 ○ 하세요.

선출 선거권 선택 보통 선거 **(선생님)**

선생님: 먼저 선(先) + 날 생 + 님

5 문장을 각각 읽고 밑줄 친 곳에 들어갈 알맞은 어휘를 찾아 연결하세요.

마트에 간 총총이 엄마는 가장 신선한 과일을 ___ 했다. — 평등 선거

우리나라 헌법에 따르면 만 18세 이상 국민은 ___ 을 가진다. — 선거권

___는 모든 국민이 똑같은 가치의 선거권을 갖는 것을 의미한다. — 선택

1987년에 일어난 6월 민주 항쟁 이후, 국민이 대통령을 직접 뽑는 ___가 실시되었다. — 직접 선거

6 제시된 어휘 중 알맞은 것을 활용하여 문장을 완성하세요.

선택
VS
선거

→ 우리나라는 **선거를** 통해 대통령, 국회 의원, 도지사, 시장 등을 뽑는다.

보통 선거
VS
비밀 선거

→ 심심이네 반은 **비밀 선거로** 학급 반장을 뽑았다.

49

11

사회·역사

10 일차

한자의 뜻과 음을 확인하고 따라 쓰세요.

한자 따라 쓰기

뜻 낳을
산 産
음 모양

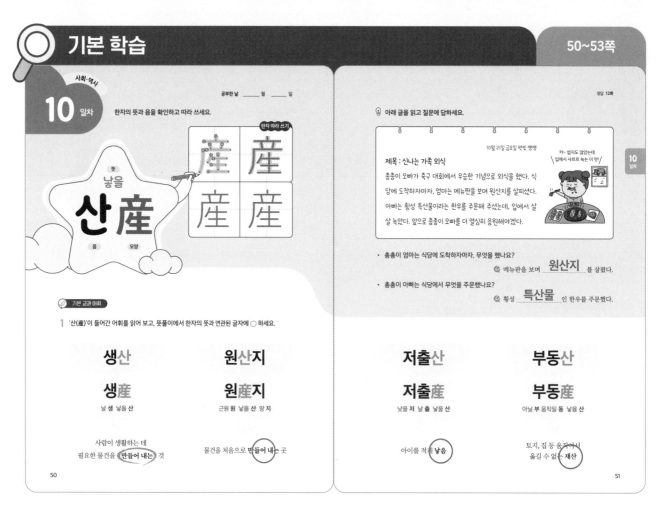

기본 교과 어휘

1 '산(産)'이 들어간 어휘를 읽어 보고, 뜻풀이에서 한자의 뜻과 연관된 글자에 ○ 하세요.

생산
생産
날 생 낳을 산
사람이 생활하는 데
필요한 물건을 (만들어 내는) 것

원산지
원産지
근원 원 낳을 산 땅 지
물건을 처음으로 (만들어 내는) 곳

저출산
저출産
낮을 저 날 출 낳을 산
아이를 적게 (낳음)

부동산
부동産
아닐 부 움직일 동 낳을 산
토지, 집 등 옮기어서
옮길 수 없는 (재산)

50

공부한 날 ____ 월 ____ 일

정답 12쪽

아래 글을 읽고 질문에 답하세요.

10일차

제목 : 신나는 가족 외식

총총이 오빠가 축구 대회에서 우승한 기념으로 외식을 했다. 식당에 도착하자마자, 엄마는 메뉴판을 보며 원산지를 살피셨다. 아빠는 횡성 특산물이라는 한우를 주문해 주셨는데, 입에서 살살 녹았다. 앞으로 총총이 오빠를 더 열심히 응원해야겠다.

10월 21일 금요일 햇빛 쨍쨍

카~ 쉽지도 않았는데
입에서 사르르 녹는 이 맛!

• 총총이 엄마가 식당에 도착하자마자, 무엇을 했나요?
  메뉴판을 보며 **원산지** 를 살폈다.

• 총총이 아빠는 식당에서 무엇을 주문했나요?
  횡성 **특산물** 인 한우를 주문했다.

51

교과 어휘 확장

2 뜻풀이를 각각 읽고 빈칸을 채워 어휘를 완성하세요.

어떤 지역에서 특별히
만들어 내는 물건
특 **산** 물

조상들의 문화 중에서
다음 세대에게 물려줄 만한
가치가 있는 모든 것
문화유 **산**

産

사람이 생활하는 데
필요한 물건이나 서비스를
만들어 내는 모든 활동
산 업

18세기 영국에서 기계가 등장하
면서 수공업에서 기계 공업으로
산업이 바뀐 큰 변화
산 업 혁명

3 '산(産)'의 뜻을 떠올리며 밑줄 친 곳에 공통으로 들어갈 글자를 쓰세요.

원산지는 물건을 처음으로
_____ 곳이야.

산업은 사람이 생활하는 데
필요한 물건이나 서비스를
_____ 모든 활동을 가리키지.

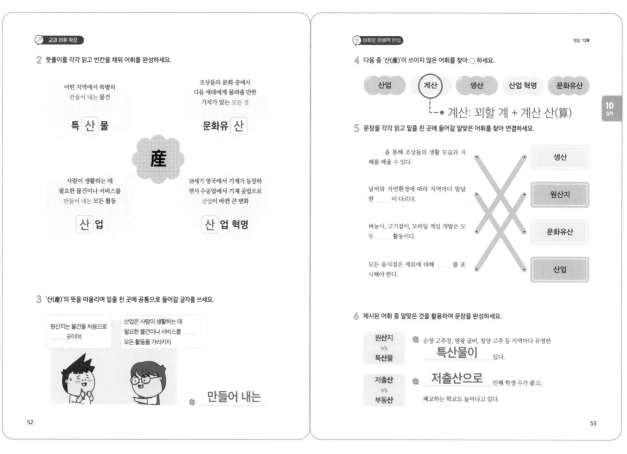

만들어 내는

52

어휘로 문해력 완성

정답 12쪽

4 다음 중 '산(産)'이 쓰이지 않은 어휘를 찾아 ○ 하세요.

산업   (계산)   생산   산업 혁명   문화유산

┄┄▶ 계산: 꾀할 계 + 계산 산(算)

10일차

5 문장을 각각 읽고 밑줄 친 곳에 들어갈 알맞은 어휘를 찾아 연결하세요.

_____ 을 통해 조상들의 생활 모습과 지
혜를 배울 수 있다. • • 생산

날씨와 자연환경에 따라 지역마다 발달
한 _____ 이 다르다. • • 원산지

벼농사, 고기잡이, 모바일 게임 개발은 모
두 _____ 활동이다. • • 문화유산

모든 음식점은 재료에 대해 _____ 를 표
시해야 한다. • • 산업

6 제시된 어휘 중 알맞은 것을 활용하여 문장을 완성하세요.

원산지
vs
특산물
순창 고추장, 영광 굴비, 청양 고추 등 지역마다 유명한
특산물이 있다.

저출산
vs
부동산
저출산으로 인해 학생 수가 줄고,
폐교하는 학교도 늘어나고 있다.

53

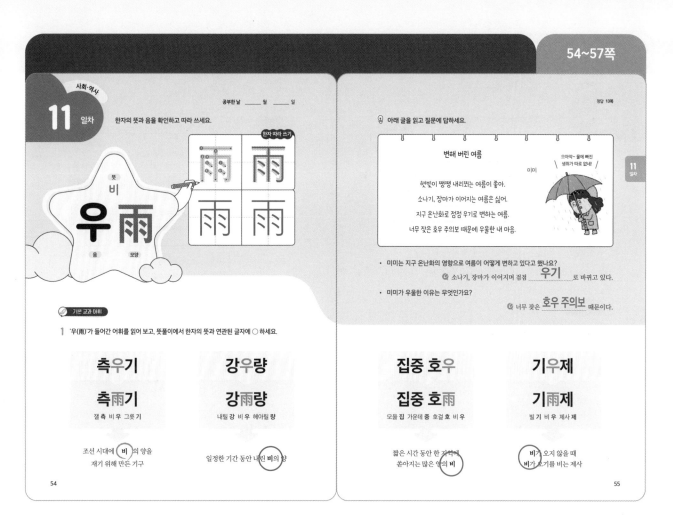

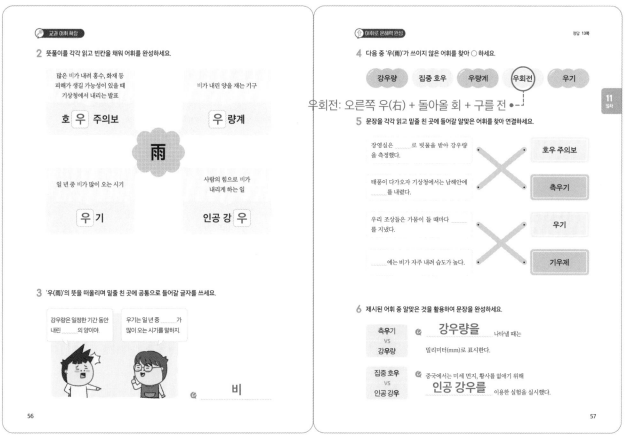

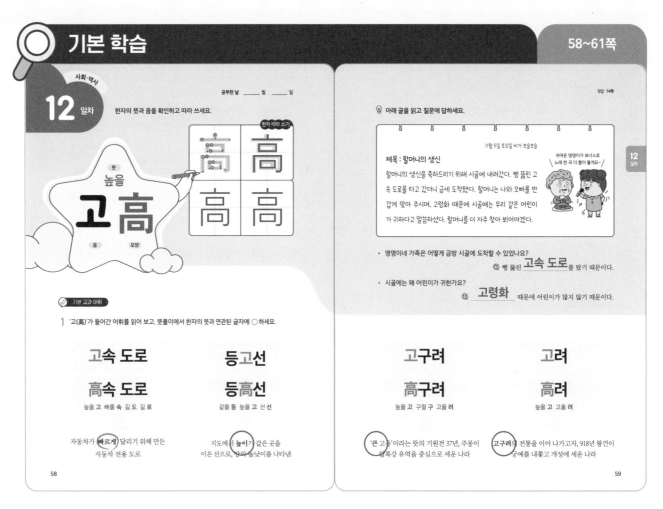

사회·역사

12 일차

한자의 뜻과 음을 확인하고 따라 쓰세요.

한자 따라 쓰기

뜻
높을
고 高
음   모양

기본 교과 어휘

1 '고(高)'가 들어간 어휘를 읽어 보고, 뜻풀이에서 한자의 뜻과 연관된 글자에 ○하세요.

고속 도로
高속 도로
높을 고 빠를 속 길 도 길 로

자동차가 **빠르게** 달리기 위해 만든
자동차 전용 도로

등고선
등高선
같을 등 높을 고 선 선

지도에서 **높이**가 같은 곳을
이은 선으로, 땅의 높낮이를 나타냄

정답 14쪽

🔖 아래 글을 읽고 질문에 답하세요.

11월 5일 토요일 비가 보슬보슬

제목 : 할머니의 생신

할머니의 생신을 축하드리기 위해 시골에 내려갔다. 뻥 뚫린 고속 도로를 타고 갔더니 금세 도착했다. 할머니는 나와 오빠를 반갑게 맞아 주시며, 고령화 때문에 시골에는 우리 같은 어린이가 귀하다고 말씀하셨다. 할머니를 더 자주 찾아 뵈어야겠다.

귀여운 명명이가 보너스로
노래 한 곡 더 뽑아 볼게요~

• 명명이네 가족은 어떻게 금방 시골에 도착할 수 있었나요?
✒ 뻥 뚫린 **고속 도로**를 탔기 때문이다.

• 시골에는 왜 어린이가 귀한가요?
✒ **고령화** 때문에 어린이가 많지 않기 때문이다.

고구려
高구려
높을 고 구절 구 고울 려

'**큰 고을**'이라는 뜻의 기원전 37년, 주몽이
압록강 유역을 중심으로 세운 나라

고려
高려
높을 고 고울 려

고구려의 전통을 이어 나가고자, 918년 왕건이
궁예를 내쫓고 개성에 세운 나라

58

59

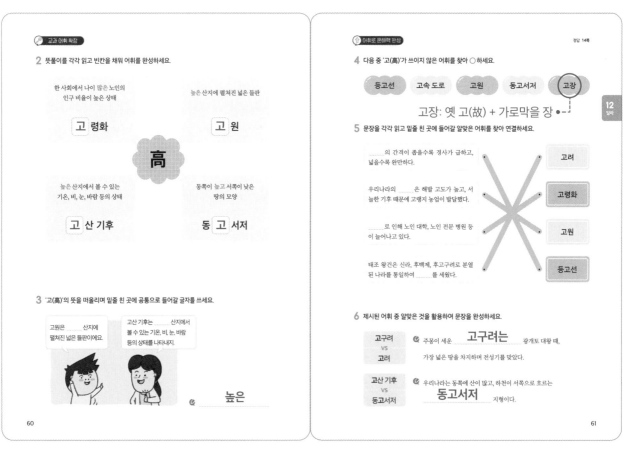

교과 어휘 확장

2 뜻풀이를 각각 읽고 빈칸을 채워 어휘를 완성하세요.

한 사회에서 나이 많은 노인의
인구 비율이 높은 상태

고 령화

높은 산지에서 볼 수 있는
기온, 비, 눈, 바람 등의 상태

고 산 기후

高

높은 산지에 펼쳐진 넓은 들판

고 원

동쪽이 높고 서쪽이 낮은
땅의 모양

동 고 서저

3 '고(高)'의 뜻을 떠올리며 밑줄 친 곳에 공통으로 들어갈 글자를 쓰세요.

고원은 ___ 산지에
펼쳐진 넓은 들판이에요.

고산 기후는 ___ 산지에서
볼 수 있는 기온, 비, 눈, 바람
등의 상태를 나타내지.

✒ **높은**

어휘로 문해력 완성

정답 14쪽

4 다음 중 '고(高)'가 쓰이지 않은 어휘를 찾아 ○하세요.

등고선   고속 도로   고원   동고서저   **고장**

고장: 옛 고(故) + 가로막을 장

5 문장을 각각 읽고 밑줄 친 곳에 들어갈 알맞은 어휘를 찾아 연결하세요.

___의 간격이 좁을수록 경사가 급하고,
넓을수록 완만하다.

우리나라의 ___은 해발 고도가 높고, 서
늘한 기후 때문에 고랭지 농업이 발달했다.

___로 인해 노인 대학, 노인 전문 병원 등
이 늘어나고 있다.

태조 왕건은 신라, 후백제, 후고구려로 분열
된 나라를 통일하여 ___를 세웠다.

고려
고령화
고원
등고선

6 제시된 어휘 중 알맞은 것을 활용하여 문장을 완성하세요.

고구려
vs
고려

✒ 주몽이 세운 **고구려는** 광개토 대왕 때,
가장 넓은 땅을 차지하며 전성기를 맞았다.

고산 기후
vs
동고서저

✒ 우리나라는 동쪽에 산이 많고, 하천이 서쪽으로 흐르는
동고서저 지형이다.

60

61

14

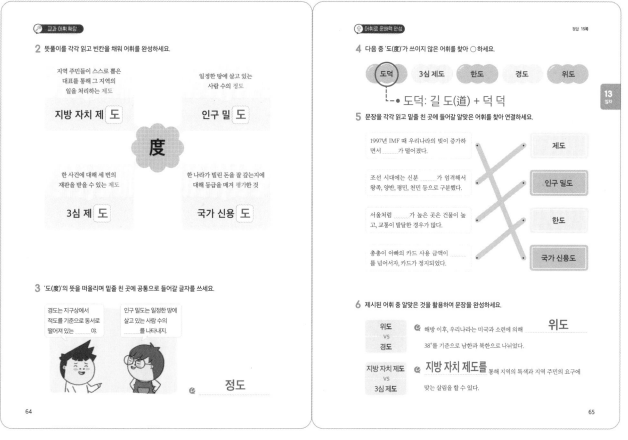

사회·역사

13 일차

한자의 뜻과 음을 확인하고 따라 쓰세요.

공부한 날 _____ 월 _____ 일

뜻 **법도**

도 度

음 / 모양

한자 따라 쓰기

度 度
度 度

기본 교과 어휘

1 '도(度)'가 들어간 어휘를 읽어 보고, 뜻풀이에서 한자의 뜻과 연관된 글자에 ○하세요.

한도 / 한度 / 한계 한 법도 도
수량이나 범위가 제한된 (정도)

제도 / 제度 / 억제할 제 법도 도
사회를 유지하기 위해 만든 도덕, 법 등의 (규칙)

위도 / 위度 / 씨 위 법도 도
지구상에서 적도를 기준으로 남북으로 떨어져 있는 (정도)

경도 / 경度 / 지날 경 법도 도
지구상에서 적도를 기준으로 동서로 떨어져 있는 (정도)

아래 글을 읽고 질문에 답하세요.

정답 15쪽

이상한 지구본

미미
왜 이렇게 생긴 거림?

지구본은 낙서투성이.
가로로 선 긋고 위도, 세로로 선 긋고 경도래.
심지어 숫자까지 쓰여 있잖아.
내 눈에는 아무리 봐도 낙서투성이.

• 지구본의 가로선을 무엇이라고 하나요? **위도**

• 지구본의 세로선을 무엇이라고 하나요? **경도**

교과 어휘 확장

2 뜻풀이를 각각 읽고 빈칸을 채워 어휘를 완성하세요.

지역 주민들이 스스로 뽑은 대표를 통해 그 지역의 일을 처리하는 제도
지방 자치 제 [도]

일정한 땅에 살고 있는 사람 수의 정도
인구 밀 [도]

度

한 사건에 대해 세 번의 재판을 받을 수 있는 제도
3심 제 [도]

한 나라가 빌린 돈을 잘 갚는지에 대해 등급을 매겨 평가한 것
국가 신용 [도]

3 '도(度)'의 뜻을 떠올리며 밑줄 친 곳에 공통으로 들어갈 글자를 쓰세요.

경도는 지구상에서 적도를 기준으로 동서로 떨어져 있는 ___야.

인구 밀도는 일정한 땅에 살고 있는 사람 수의 ___를 나타내지.

정도

어휘로 문해력 완성

정답 15쪽

4 다음 중 '도(度)'가 쓰이지 않은 어휘를 찾아 ○하세요.

(도덕) 3심 제도 한도 경도 위도

⤷ 도덕: 길 도(道) + 덕 덕

5 문장을 각각 읽고 밑줄 친 곳에 들어갈 알맞은 어휘를 찾아 연결하세요.

1997년 IMF 때 우리나라의 빚이 증가하면서 _____가 떨어졌다. — 국가 신용도

조선 시대에는 신분 _____가 엄격해서 왕족, 양반, 평민, 천민 등으로 구분했다. — 제도

서울처럼 _____가 높은 곳은 건물이 높고, 교통이 발달한 경우가 많다. — 인구 밀도

총총이 아빠의 카드 사용 금액이 _____를 넘어서자, 카드가 정지되었다. — 한도

6 제시된 어휘 중 알맞은 것을 활용하여 문장을 완성하세요.

위도 vs 경도
⤷ 해방 이후, 우리나라는 미국과 소련에 의해 **위도** 38°를 기준으로 남한과 북한으로 나뉘었다.

지방 자치 제도 vs 3심 제도
⤷ **지방 자치 제도를** 통해 지역의 특색과 지역 주민의 요구에 맞는 살림을 할 수 있다.

62

63

64

65

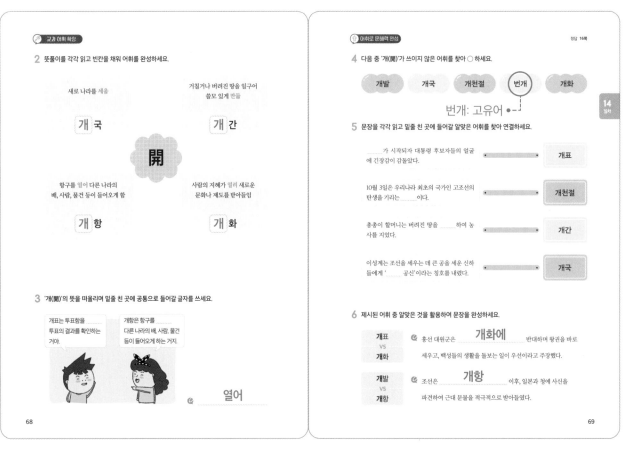

앞에서 배운 내용을 떠올리며 확실하게 내 것으로 만들어요!

공부한 날 _____ 월 _____ 일

1 빈칸에 공통으로 들어가는 글자를 찾아 연결하세요.

| 제☐ |
| 인구 밀☐ |

| ☐천절 |
| ☐간 |

| 암행어☐ |
| 선☐ 시대 |

• 법도 도(度)
• 역사 사(史)
• 열 개(開)

2 문장을 각각 읽고 내용에 알맞은 어휘를 골라 ○하세요.

🔊 며칠 간의 (집중 호우 / 인공 강우 / 측우기 / 기우제)로 하천의 물이 흘러넘쳤다.

🔊 불국사와 석굴암은 우리의 소중한 (생산 / 부동산 / 특산물 / 문화유산)이다.

🔊 명명이네 집 근처 공사장에서 (선사 시대 / 사적 / 사초 / 사료) 주먹 도끼가 발견되었다.

🔊 농촌에서는 (등고선 / 고구려 / 고속 도로 / 고령화) 현상으로 인해 일손이 부족하다.

70

정답 17쪽

3 채팅 속 빈칸에 들어갈 글자를 쓰고, 같은 한자가 들어간 어휘를 찾아 묶으세요.

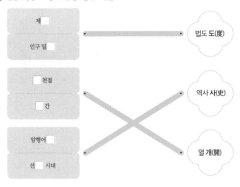

랑랑쌤 패밀리 단톡방

심심 얘들아, 지금 공원에서 강아지 한 마리를 봤는데 주인이 없는 것 같아. 비까지 맞아서 오들오들 떨어.

☐기견인가…? 불쌍한데 집으로 데려갈까?

유

미미 그러다 주인 있는 개면 어쩌려고! 엄마한테 허락 안 맡고 데려갔다가 등짝 열 대 맞아도 난 모른다~

제	간	유	기	견	문
십	주	집	구	식	안
삼	획	나	유	적	고
국	월	감	단	마	계
유	중	유	산	지	글
사	토	풍	표	립	격

71

---

4 가로세로 열쇠의 뜻풀이를 읽고 퍼즐을 완성하세요.

❶❶ 정(政)	당		❷ 저	출	❷ 산(産)
치					업
	❸❸ 고(高)	원		❹ 비	
	산			밀	
	기		❹ 선(選)	택	
	후			거	

가로 열쇠

❶ 정치에 대해 비슷한 생각을 가진 사람들이 모여서 만든 단체
❷ 아이를 적게 낳음
❸ 높은 산지에 펼쳐진 넓은 들판
❹ 여럿 가운데서 필요한 것을 골라 뽑음

세로 열쇠

❶ 나라를 다스리는 일 또는 사람들 사이에서 생기는 문제를 해결하는 활동
❷ 사람이 생활하는 데 필요한 물건이나 서비스를 만들어 내는 모든 활동
❸ 높은 산지에서 볼 수 있는 기온, 비, 눈, 바람 등의 상태
❹ 누구에게 투표했는지 다른 사람이 알 수 없는 선거

72

정답 17쪽

5 보기 속 어휘를 활용하여 문장을 완성하세요.

보기

역사 고속 도로 선거권 원산지 위도

예시 이웃 나라인 일본과 중국은 우리나라와 **위도가** 비슷하다.

✏️ 총총이 엄마는 물건을 살 때 **원산지를** 꼭 확인한다.

✏️ 우리나라는 만 18세 이상이면 누구에게나 **선거권이** 주어진다.

✏️ 명절에 고향에 내려가는 사람들로 **고속 도로가** 막혔다.

✏️ 우주에 관심이 많은 심심이는 로켓의 **역사에** 대해 공부했다.

6 제시된 어휘를 활용하여 문장을 만드세요.

정책 → 정부는 미래 꿈나무들을 위해 다양한 예시 **교육 정책을 펼쳤다.**

유적 → 공주 무령왕릉은 백제를 예시 **대표하는 유적이다.**

73

17

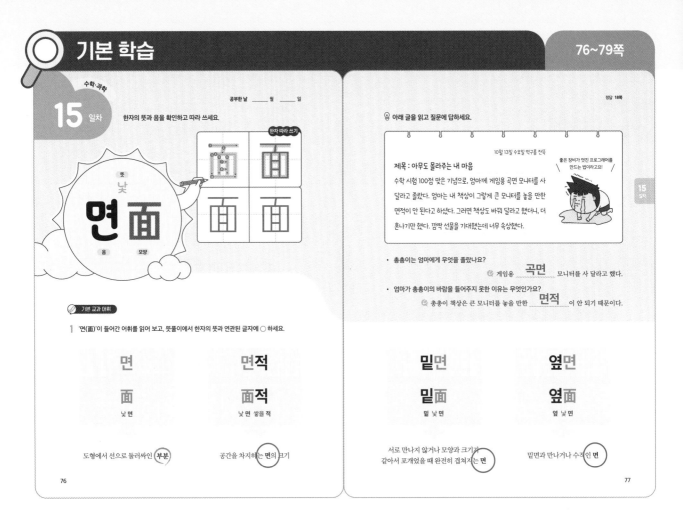

수학·과학

15 일차

공부한 날 ___월 ___일

한자의 뜻과 음을 확인하고 따라 쓰세요.

한자 따라 쓰기

뜻
낯

면 面

음   모양

기본 교과 어휘

1 '면(面)'이 들어간 어휘를 읽어 보고, 뜻풀이에서 한자의 뜻과 연관된 글자에 ○하세요.

면
面
낯 면

도형에서 선으로 둘러싸인 (부분)

면적
面적
낯 면 쌓을 적

공간을 차지하는 면의 크기

정답 18쪽

아래 글을 읽고 질문에 답하세요.

10월 13일 수요일 먹구름 잔뜩

제목 : 아무도 몰라주는 내 마음

수학 시험 100점 맞은 기념으로, 엄마께 게임용 곡면 모니터를 사 달라고 졸랐다. 엄마는 내 책상이 그렇게 큰 모니터를 놓을 만한 면적이 안 된다고 하셨다. 그러면 책상도 바꿔 달라고 했더니, 더 혼나기만 했다. 깜짝 선물을 기대했는데 너무 속상했다.

좋은 장비가 멋진 프로그래머를 만드는 법이라고요!

• 총총이는 엄마에게 무엇을 졸랐나요?

게임용 **곡면** 모니터를 사 달라고 했다.

• 엄마가 총총이의 바람을 들어주지 못한 이유는 무엇인가요?

총총이 책상은 큰 모니터를 놓을 만한 **면적** 이 안 되기 때문이다.

밑면
밑面
밑 낯 면

서로 만나지 않거나 모양과 크기가
같아서 포개었을 때 완전히 겹쳐지는 (면)

옆면
옆面
옆 낯 면

밑면과 만나거나 수직인 (면)

76   77

교과 어휘 확장

2 뜻풀이를 각각 읽고 빈칸을 채워 어휘를 완성하세요.

공처럼 굽은 면

곡 **면**

입체 도형을 평평하게 잘랐을 때
생기는 면

단 **면**

面

다각형의 면으로 둘러싸인
입체 도형

다 **면** 체

정사각형 모양의 여섯 개
면으로 둘러싸인 도형

정육 **면** 체

3 '면(面)'의 뜻을 떠올리며 밑줄 친 곳에 공통으로 들어갈 글자를 쓰세요.

옆면은 밑면과 만나거나
수직인 ___이야.

정육면체는 정사각형 모양의
여섯 개 ___으로
둘러싸인 도형을 말하지.

___면

어휘로 문해력 완성

정답 18쪽

4 다음 중 '면(面)'이 쓰이지 않은 어휘를 찾아 ○하세요.

면적   밑면   곡면   다면체   (면역)

면역: 면할 면(免) + 염병 역

5 문장을 각각 읽고 밑줄 친 곳에 들어갈 알맞은 어휘를 찾아 연결하세요.

가전 매장에 간 랑랑쌤은 평면 티비와
___ 티비 중 무엇을 살지 고민에 빠졌다.

___는 면의 개수에 따라 사면체, 오면체
등으로 나뉜다.

직사각형의 ___을 구하는 방법은 (가로
의 길이)×(세로의 길이)이다.

주사위는 여섯 개의 ___이 있다.

면
다면체
곡면
면적

6 제시된 어휘 중 알맞은 것을 활용하여 문장을 완성하세요.

밑면
vs
곡면

각뿔의 옆면은 삼각형이고, **밑면의** ___ 모양에 따라
삼각뿔, 사각뿔 등으로 구분한다.

정육면체
vs
다면체

정육면체는 여섯 개의 면과 열두 개의 모서리,
여덟 개의 꼭짓점이 있다.

78   79

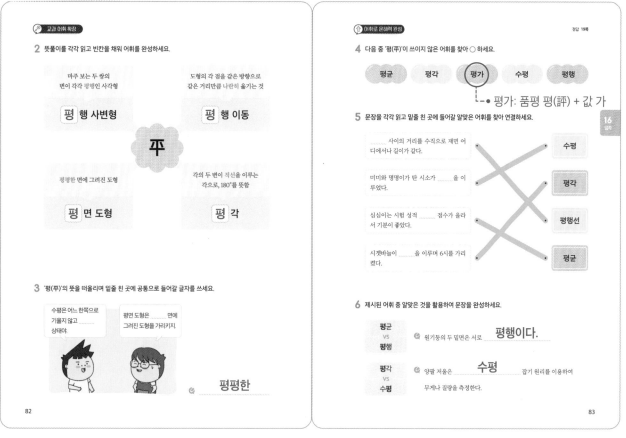

수학·과학

16 일차

공부한 날 ___월 ___일

한자의 뜻과 음을 확인하고 따라 쓰세요.

한자 따라 쓰기

뜻
평평할
평 平
음   모양

정답 19쪽

아래 글을 읽고 질문에 답하세요.

총총이와 명명이에게

요즘 너희는 툭 하면 사소한 일로 다투더라. 평행선을 달리는 너희를 볼 때마다 엄마가 얼마나 속상한지 아니? 각자의 의견이 맞다며 싸우는 너희 사이에서 수평을 유지하고 싶지만, 쉽지 않구나. 엄마의 마음을 생각해서라도, 서로 아끼고 배려하면서 사이좋게 지내면 좋겠구나.   - 엄마가

휴, 엄마 역할도 쉽지 않다니까~

- 요즘 총총이와 명명이의 관계는 어떤가요?
  사소한 일로 다투며 **평행선** 을 달린다.
- 총총이 엄마는 어떤 고민을 가지고 있나요?
  남매 사이에서 **수평** 을 유지하고 싶지만, 쉽지 않다.

기본 교과 어휘

1 '평(平)'이 들어간 어휘를 읽어 보고, 뜻풀이에서 한자의 뜻과 연관된 글자에 ○ 하세요.

평균
平균
평평할 평 고를 균

여러 수나 양의 (중간값)으로, 자료 전체의 합을 개수로 나눔

수평
수平
물 수 평평할 평

어느 한쪽으로 기울지 않고 (평평한) 상태

평행
平행
평평할 평 다닐 행

직선과 직선, 면과 면, 직선과 면이 (나란히) 있어 서로 만나지 않음

평행선
平행선
평평할 평 다닐 행 선 선

서로 (평행)인 두 직선

교과 어휘 확장

2 뜻풀이를 각각 읽고 빈칸을 채워 어휘를 완성하세요.

마주 보는 두 쌍의 변이 각각 평행인 사각형

평 행 사변형

도형의 각 점을 같은 방향으로 같은 거리만큼 나란히 옮기는 것

평 행 이동

平

평평한 면에 그려진 도형

평 면 도형

각의 두 변이 직선을 이루는 각으로, 180°를 뜻함

평 각

3 '평(平)'의 뜻을 떠올리며 밑줄 친 곳에 공통으로 들어갈 글자를 쓰세요.

수평은 어느 한쪽으로 기울지 않고 _____ 상태야

평면 도형은 _____ 면에 그려진 도형을 가리키지.

평평한

어휘로 문해력 완성

정답 19쪽

4 다음 중 '평(平)'이 쓰이지 않은 어휘를 찾아 ○ 하세요.

평균   평각   **평가**   수평   평행

평가: 품평 평(評) + 값 가

5 문장을 각각 읽고 밑줄 친 곳에 들어갈 알맞은 어휘를 찾아 연결하세요.

_____ 사이의 거리를 수직으로 재면 어디에서나 길이가 같다.   •

미미와 명명이가 탄 시소가 _____을 이루었다.   •

심심이는 시험 성적 _____ 점수가 올라서 기분이 좋았다.   •

시곗바늘이 _____을 이루며 6시를 가리켰다.   •

•   수평

•   평각

•   평행선

•   평균

6 제시된 어휘 중 알맞은 것을 활용하여 문장을 완성하세요.

평균
vs
평행
원기둥의 두 밑면은 서로 **평행이다.**

평각
vs
수평
양팔 저울은 **수평** 잡기 원리를 이용하여 무게나 질량을 측정한다.

80   81   82   83

19

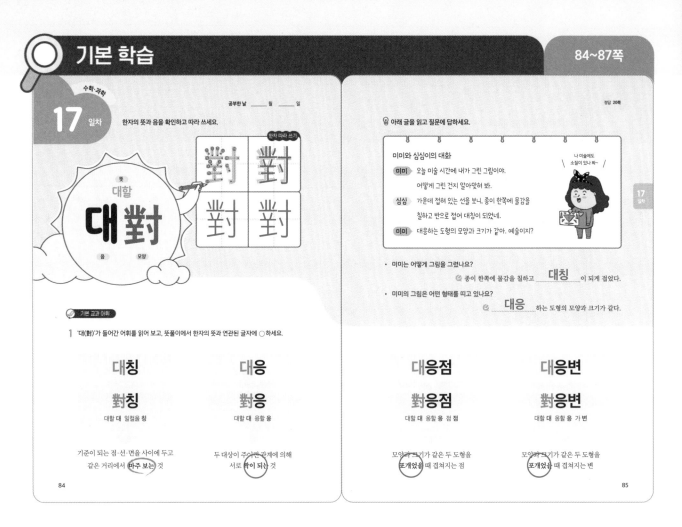

수학·과학

17 일차

공부한 날 ____ 월 ____ 일

한자의 뜻과 음을 확인하고 따라 쓰세요.

한자 따라 쓰기

뜻 **대할**
대**對**
음 / 모양

🌱 기본 교과 어휘

1 '대(對)'가 들어간 어휘를 읽어 보고, 뜻풀이에서 한자의 뜻과 연관된 글자에 ○하세요.

대칭
對칭
대할 대 일컬을 칭
기준이 되는 점·선·면을 사이에 두고
같은 거리에서 (마주 보는) 것

대응
對응
대할 대 응할 응
두 대상이 주어진 관계에 의해
서로 (짝이 되는) 것

정답 20쪽

🗨 아래 글을 읽고 질문에 답하세요.

미미와 심심이의 대화

나 미술에도
소질이 있나 봐~

미미 : 오늘 미술 시간에 내가 그린 그림이야.
어떻게 그린 건지 알아맞혀 봐.

심심 : 가운데 접혀 있는 선을 보니, 종이 한쪽에 물감을
칠하고 반으로 접어 대칭이 되었네.

미미 : 대응하는 도형의 모양과 크기가 같아. 예술이지?

• 미미는 어떻게 그림을 그렸나요?
✍ 종이 한쪽에 물감을 칠하고 __대칭__ 이 되게 접었다.

• 미미의 그림은 어떤 형태를 띠고 있나요?
✍ __대응__ 하는 도형의 모양과 크기가 같다.

대응점
對응점
대할 대 응할 응 점 점
모양과 크기가 같은 두 도형을
(포개었을) 때 겹쳐지는 점

대응변
對응변
대할 대 응할 응 가 변
모양과 크기가 같은 두 도형을
(포개었을) 때 겹쳐지는 변

84

85

17 일차

📘 교과 어휘 확장

2 뜻풀이를 각각 읽고 빈칸을 채워 어휘를 완성하세요.

모양과 크기가 같은 두 도형을
포개었을 때 겹쳐지는 각
대 응각

직선을 사이에 두고
완전히 겹치는 대칭
선 **대** **칭**

對

한 직선을 기준으로 두 도형이
겹쳐질 때, 그 직선을 뜻함
대 칭축

점을 중심으로 180° 회전했을 때,
완전히 겹치는 대칭
점 **대** 칭

3 '대(對)'의 뜻을 떠올리며 밑줄 친 곳에 공통으로 들어갈 글자를 쓰세요.

선대칭은 직선을 사이에
두고 완전히 겹치는
___이야.

점대칭은 점을 중심으로
180° 회전했을 때, 완전히
겹치는 ___을 가리키지.

✍ **대칭**

📝 어휘로 문해력 완성

정답 20쪽

4 다음 중 '대(對)'가 쓰이지 않은 어휘를 찾아 ○하세요.

대응점 대각선 대칭축 선대칭 (대학교)

대학교: 큰 대(大) + 배울 학 + 학교 교

5 문장을 각각 읽고 밑줄 친 곳에 들어갈 알맞은 어휘를 찾아 연결하세요.

합동인 두 도형을 포개면 겹쳐지는 변이
_____이다.

사각형의 _____ 개수는 두 개이다.

종이를 접었다가 펼쳐서 똑같은 그림이
생길 때, 접은 자리를 _____이라고 한다.

합동인 두 도형을 포개면 겹쳐지는 각이
_____이다.

대칭축
대응각
대각선
대응변

17 일차

6 제시된 어휘 중 알맞은 것을 활용하여 문장을 완성하세요.

대칭
VS
대응
✍ 잠자리의 양쪽 날개는 몸통을 중심으로 __대칭을__
이룬다.

대칭축
VS
대응각
✍ 선대칭 도형은 __대칭축을__ 기준으로
서로 합동이다.

86

87

18 일차

공부한 날 _____ 월 _____ 일

한자의 뜻과 음을 확인하고 따라 쓰세요.

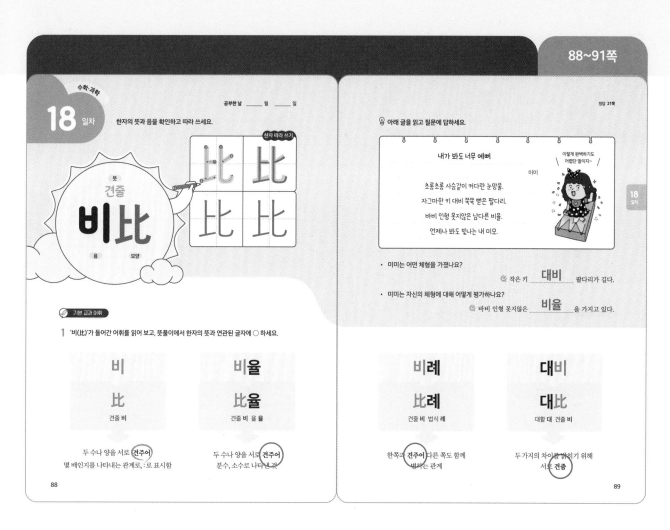

뜻 **견줄**

음 **비** 比 모양

한자 따라 쓰기

比 比 比 比

기본 교과 어휘

1 '비(比)'가 들어간 어휘를 읽어 보고, 뜻풀이에서 한자의 뜻과 연관된 글자에 ○ 하세요.

비
比
견줄 비

두 수나 양을 서로 (견주어)
몇 배인지를 나타내는 관계로, :로 표시함

비율
比율
견줄 비 율 율

두 수나 양을 서로 (견주어)
분수, 소수로 나타낸 것

비례
比례
견줄 비 법식 례

한쪽이 (견주어) 다른 쪽도 함께
변하는 관계

대비
대比
대할 대 견줄 비

두 가지의 차이를 밝히기 위해
서로 (견줌)

88

89

정답 21쪽

아래 글을 읽고 질문에 답하세요.

내가 봐도 너무 예뻐

미미

초롱초롱 사슴같이 커다란 눈망울.
자그마한 키 대비 쭉쭉 뻗은 팔다리.
바비 인형 못지않은 남다른 비율.
언제나 봐도 빛나는 내 미모.

이렇게 완벽하기도
어렵단 말이지~

• 미미는 어떤 체형을 가졌나요?

작은 키 **대비** _____ 팔다리가 길다.

• 미미는 자신의 체형에 대해 어떻게 평가하나요?

바비 인형 못지않은 _____ **비율** 을 가지고 있다.

교과 어휘 확장

2 뜻풀이를 각각 읽고 빈칸을 채워 어휘를 완성하세요.

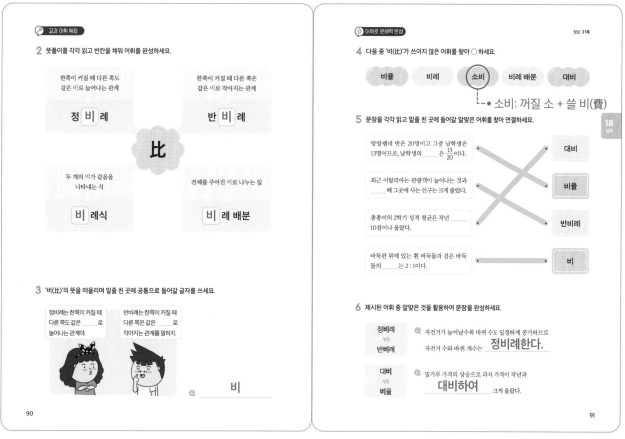

한쪽이 커질 때 다른 쪽도
같은 비로 늘어나는 관계

정 **비** 례

한쪽이 커질 때 다른 쪽은
같은 비로 작아지는 관계

반 **비** 례

比

두 개의 비가 같음을
나타내는 식

비 례식

전체를 주어진 비로 나누는 일

비 례 배분

3 '비(比)'의 뜻을 떠올리며 밑줄 친 곳에 공통으로 들어갈 글자를 쓰세요.

정비례는 한쪽이 커질 때
다른 쪽도 같은 _____로
늘어나는 관계야.

반비례는 한쪽이 커질 때
다른 쪽도 같은 _____로
작아지는 관계를 말하지.

✏ _____ **비** _____

90

어휘로 문해력 완성

정답 21쪽

4 다음 중 '비(比)'가 쓰이지 않은 어휘를 찾아 ○ 하세요.

비율   비례   (소비)   비례 배분   대비

⤷ 소비: 꺼질 소 + 쓸 비(費)

5 문장을 각각 읽고 밑줄 친 곳에 들어갈 알맞은 어휘를 찾아 연결하세요.

랑랑쌤네 반은 20명이고 그중 남학생은
13명이므로, 남학생의 _____은 $\frac{13}{20}$이다. •

최근 이탈리아는 관광객이 늘어나는 것과
_____ 해 그곳에 사는 인구는 크게 줄었다. •

총총이의 2학기 성적 평균은 작년 _____
10점이나 올랐다. •

바둑판 위에 있는 흰 바둑돌과 검은 바둑
돌의 _____는 2 : 1이다. •

• 대비

• 비율

• 반비례

• 비

6 제시된 어휘 중 알맞은 것을 활용하여 문장을 완성하세요.

정비례
vs
반비례

✏ 자전거가 늘어날수록 바퀴 수도 일정하게 증가하므로
자전거 수와 바퀴 개수는 **정비례한다.**

대비
vs
비율

✏ 밀가루 가격의 상승으로 과자 가격이 작년과
대비하여 크게 올랐다.

91

21

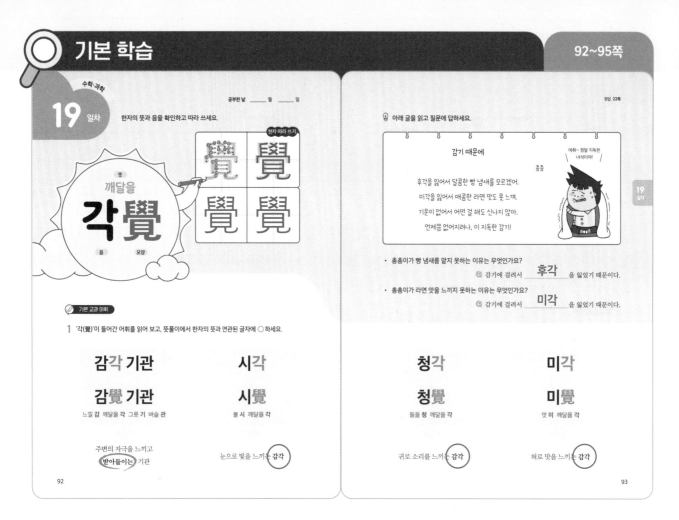

수학·과학

19 일차

공부한 날 ___ 월 ___ 일

한자의 뜻과 음을 확인하고 따라 쓰세요.

한자 따라 쓰기

뜻 깨달을

각 覺

음 각   모양

📖 기본 교과 어휘

1 '각(覺)'이 들어간 어휘를 읽어 보고, 뜻풀이에서 한자의 뜻과 연관된 글자에 ○ 하세요.

감각 기관
감**覺** 기관
느낌 감 깨달을 각 그릇 기 벼슬 관

주변의 자극을 느끼고
받아들이는 기관

시각
시**覺**
볼 시 깨달을 각

눈으로 빛을 느끼는 감각

정답 22쪽

🔍 아래 글을 읽고 질문에 답하세요.

감기 때문에

후각을 잃어서 달콤한 빵 냄새를 모르겠어.
미각을 잃어서 매콤한 라면 맛도 못 느껴.
기운이 없어서 어떤 걸 해도 신나지 않아.
언제쯤 없어지려나, 이 지독한 감기!

어휘~ 정말 지독한
녀석이야!
총총

• 총총이가 빵 냄새를 맡지 못하는 이유는 무엇인가요?
  🖊 감기에 걸려서 **후각** 을 잃었기 때문이다.

• 총총이가 라면 맛을 느끼지 못하는 이유는 무엇인가요?
  🖊 감기에 걸려서 **미각** 을 잃었기 때문이다.

청각
청**覺**
들을 청 깨달을 각

귀로 소리를 느끼는 감각

미각
미**覺**
맛 미 깨달을 각

혀로 맛을 느끼는 감각

92   93

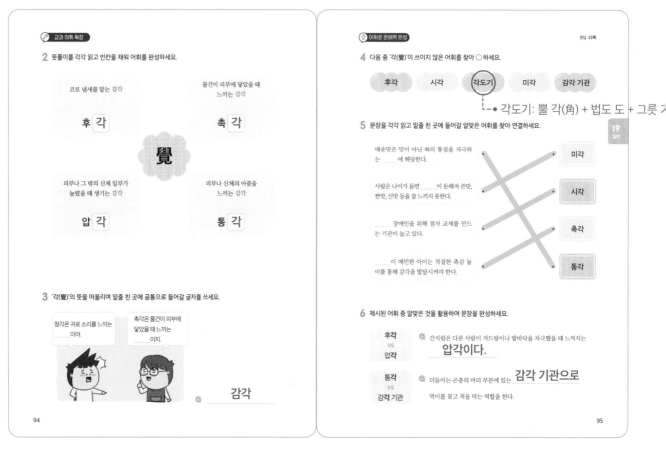

✏️ 교과 어휘 확장

2 뜻풀이를 각각 읽고 빈칸을 채워 어휘를 완성하세요.

코로 냄새를 맡는 감각
후 각

물건이 피부에 닿았을 때
느끼는 감각
촉 각

覺

피부나 그 밖의 신체 일부가
눌렸을 때 생기는 감각
압 각

피부나 신체의 아픔을
느끼는 감각
통 각

3 '각(覺)'의 뜻을 떠올리며 밑줄 친 곳에 공통으로 들어갈 글자를 쓰세요.

청각은 귀로 소리를 느끼는
___이야.

촉각은 물건이 피부에
닿았을 때 느끼는
___이지.

🖊 **감각**

🏆 어휘로 문해력 완성

정답 22쪽

4 다음 중 '각(覺)'이 쓰이지 않은 어휘를 찾아 ○ 하세요.

후각   시각   **각도기**   미각   감각 기관

└─▶ 각도기: 뿔 각(角) + 법도 도 + 그릇 기

5 문장을 각각 읽고 밑줄 친 곳에 들어갈 알맞은 어휘를 찾아 연결하세요.

매운맛은 맛이 아닌 혀의 통점을 자극하
는 ___에 해당한다. •   • 미각

사람은 나이가 들면 ___이 둔해져 쓴맛,
짠맛, 신맛 등을 잘 느끼지 못한다. •   • 시각

___ 장애인을 위해 점자 교재를 만드
는 기관이 늘고 있다. •   • 촉각

___이 예민한 아이는 적절한 촉감 놀
이를 통해 감각을 발달시켜야 한다. •   • 통각

6 제시된 어휘 중 알맞은 것을 활용하여 문장을 완성하세요.

후각
vs
압각

🖊 간지럼은 다른 사람이 겨드랑이나 발바닥을 자극했을 때 느껴지는
압각이다.

통각
vs
감각 기관

🖊 더듬이는 곤충의 머리 부분에 있는 **감각 기관으로**
먹이를 찾고 적을 막는 역할을 한다.

94   95

22

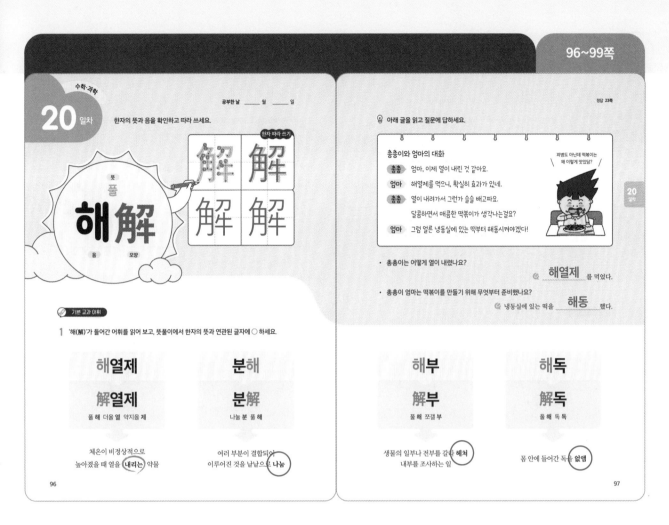

20 일차

공부한 날 ____월 ____일

한자의 뜻과 음을 확인하고 따라 쓰세요.

한자 따라 쓰기

解 解
解 解

뜻 풀

해解

음 해   모양

기본 교과 어휘

1 '해(解)'가 들어간 어휘를 읽어 보고, 뜻풀이에서 한자의 뜻과 연관된 글자에 ○하세요.

해열제
解열제
풀 해 더울 열 약지을 제

체온이 비정상적으로
높아졌을 때 열을 (내리는) 약물

분해
분解
나눌 분 풀 해

여러 부분이 결합되어
이루어진 것을 낱낱으로 (나눔)

정답 23쪽

아래 글을 읽고 질문에 답하세요.

총총이와 엄마의 대화

총총 엄마, 이제 열이 내린 것 같아요.

엄마 해열제를 먹으니, 확실히 효과가 있네.

총총 열이 내려가서 그런지 슬슬 배고파요.
     달콤하면서 매콤한 떡볶이가 생각나는걸요?

엄마 그럼 얼른 냉동실에 있는 떡부터 해동시켜야겠다!

피병도 아닌데 떡볶이는
왜 이렇게 맛있담?

• 총총이는 어떻게 열이 내렸나요?

    해열제를 먹었다.

• 총총이 엄마는 떡볶이를 만들기 위해 무엇부터 준비했나요?

    냉동실에 있는 떡을 ____**해동**했다.

해부
解부
풀 해 쪼갤 부

생물의 일부나 전부를 갈라 (헤쳐)
내부를 조사하는 일

해독
解독
풀 해 독 독

몸 안에 들어간 독을 (없앰)

96   97

교과 어휘 확장

2 뜻풀이를 각각 읽고 빈칸을 채워 어휘를 완성하세요.

얼었던 것이 녹아서 풀림

해 동

얼음이 녹아서 풀림

해 빙

解

둘 이상의 물질이 골고루
섞여 녹는 일

용 해

고체가 열을 받아
액체로 변하는 현상

융 해

3 '해(解)'의 뜻을 떠올리며 밑줄 친 곳에 공통으로 들어갈 글자를 쓰세요.

해동은 얼었던 것이
____거예요.

해빙은 얼음이
____거지.

    녹아서 풀리는

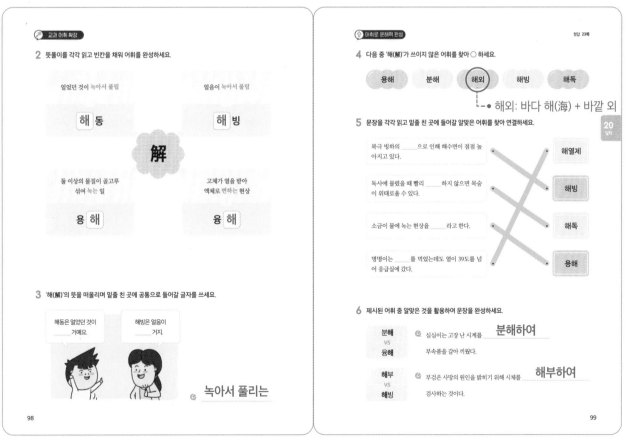

어휘로 문해력 완성

정답 23쪽

4 다음 중 '해(解)'가 쓰이지 않은 어휘를 찾아 ○하세요.

용해   분해   (해외)   해빙   해독

⌐┄ **해외: 바다 해(海) + 바깥 외**

5 문장을 각각 읽고 밑줄 친 곳에 들어갈 알맞은 어휘를 찾아 연결하세요.

북극 빙하의 ____으로 인해 해수면이 점점 높
아지고 있다.   •   • 해열제

독사에 물렸을 때 빨리 ____하지 않으면 목숨
이 위태로울 수 있다.   •   • 해빙

소금이 물에 녹는 현상을 ____라고 한다.   •   • 해독

멍멍이는 ____를 먹었는데도 열이 39도를 넘
어 응급실에 갔다.   •   • 용해

6 제시된 어휘 중 알맞은 것을 활용하여 문장을 완성하세요.

분해
vs
용해

심심이는 고장 난 시계를 **분해하여**
부속품을 갈아 끼웠다.

해부
vs
해빙

부검은 사망의 원인을 밝히기 위해 시체를 **해부하여**
검사하는 것이다.

98   99

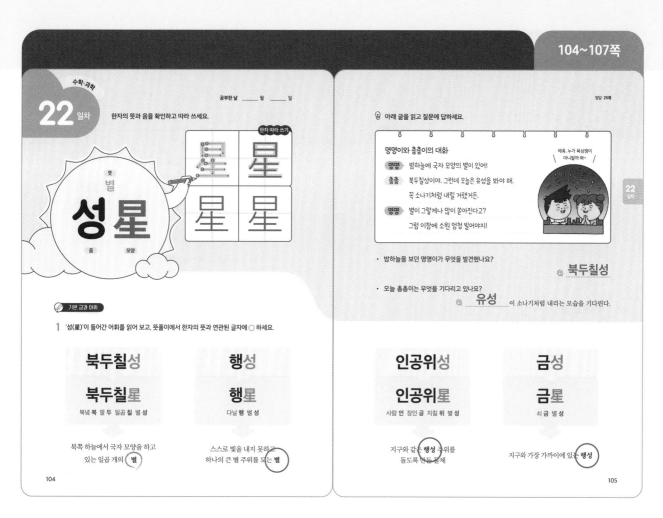

수학·과학

22 일차

공부한날 _____ 월 _____ 일

한자의 뜻과 음을 확인하고 따라 쓰세요.

한자 따라 쓰기

뜻 **별**
성 星
음 　　 모양

星　星
星　星

📝 기본 교과 어휘

1 '성(星)'이 들어간 어휘를 읽어 보고, 뜻풀이에서 한자의 뜻과 연관된 글자에 ○ 하세요.

북두칠성
북두칠星
북녘 북 말 두 일곱 칠 별 성
북쪽 하늘에서 국자 모양을 하고 있는 일곱 개의 **별**

행성
행星
다닐 행 별 성
스스로 빛을 내지 못하고 하나의 큰 별 주위를 도는 **별**

📝 아래 글을 읽고 질문에 답하세요.

정답 25쪽

명명이와 총총이의 대화

명명 밤하늘에 국자 모양의 별이 있어!

총총 북두칠성이야. 그런데 오늘은 유성을 봐야 해. 꼭 소나기처럼 내릴 거랬거든.

명명 별이 그렇게나 많이 쏟아진다고? 그럼 이참에 소원 엄청 빌어야지!

에휴, 누가 욕심쟁이 아니랄까 봐~

· 밤하늘을 보던 명명이가 무엇을 발견했나요?

✍ **북두칠성**

· 오늘 총총이는 무엇을 기다리고 있나요?

✍ _____**유성**_____ 이 소나기처럼 내리는 모습을 기다린다.

인공위성
인공위星
사람 인 장인 공 지킬 위 별 성
지구와 같은 행성 주위를 돌도록 만든 물체

금성
금星
쇠 금 별 성
지구와 가장 가까이에 있는 행성

104　　　　　105

📝 교과 어휘 확장

2 뜻풀이를 각각 읽고 빈칸을 채워 어휘를 완성하세요.

우주를 돌아다니는 먼지들이 지구 대기권과 부딪혀 빛을 내며 타는 것
유 성

스스로 빛을 내며 거의 위치가 변하지 않는 별
항 성

星

지구보다 안쪽에서 태양 주위를 도는 행성
내행 성

지구보다 바깥쪽에서 태양 주위를 도는 행성
외행 성

3 '성(星)'의 뜻을 떠올리며 밑줄 친 곳에 공통으로 들어갈 글자를 쓰세요.

북두칠성은 북쪽 하늘에서 국자 모양을 하고 있는 일곱 개의 ___이야.

항성은 스스로 빛을 내며 거의 위치가 변하지 않는 ___을 가리키지.

✍ _____ **별**

📝 어휘로 문해력 완성

정답 25쪽

4 다음 중 '성(星)'이 쓰이지 않은 어휘를 찾아 ○ 하세요.

행성　　**완성**　　내행성　　유성　　인공위성

└┄● 완성: 완전할 완 + 이룰 성(成)

5 문장을 각각 읽고 밑줄 친 곳에 들어갈 알맞은 어휘를 찾아 연결하세요.

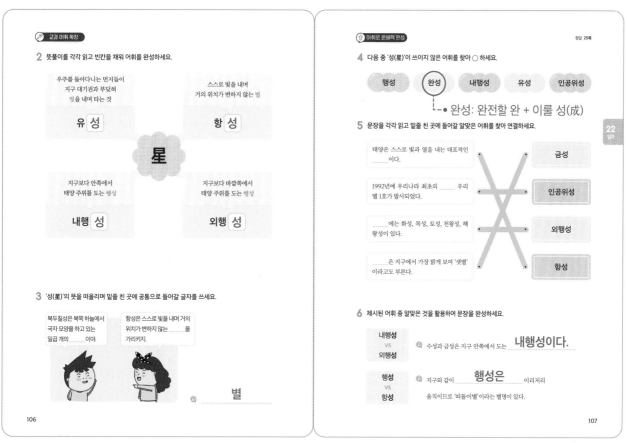

태양은 스스로 빛과 열을 내는 대표적인 ___이다.

1992년에 우리나라 최초의 ___ 우리별 1호가 발사되었다.

___에는 화성, 목성, 토성, 천왕성, 해왕성이 있다.

___은 지구에서 가장 밝게 보여 '샛별'이라고도 부른다.

금성

인공위성

외행성

항성

6 제시된 어휘 중 알맞은 것을 활용하여 문장을 완성하세요.

내행성
vs
외행성
✍ 수성과 금성은 지구 안쪽에서 도는 **내행성이다.**

행성
vs
항성
✍ 지구와 같이 **행성은** 이리저리 움직이므로 '떠돌이별'이라는 별명이 있다.

106　　　　　107

수학·과학

23 일차

한자의 뜻과 음을 확인하고 따라 쓰세요.

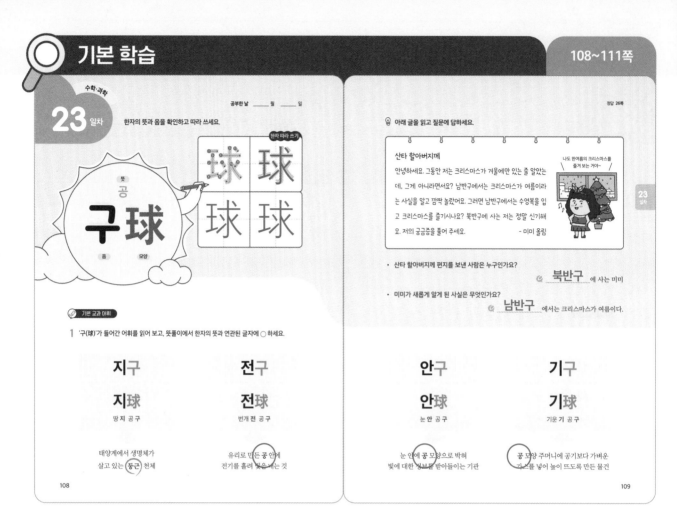

한자 따라 쓰기

球 球
球 球

뜻 공
구 球
음 모양

기본 교과 어휘

1 '구(球)'가 들어간 어휘를 읽어 보고, 뜻풀이에서 한자의 뜻과 연관된 글자에 ○ 하세요.

지구
지球
땅 지 공 구

태양계에서 생명체가
살고 있는 둥근 천체

전구
전球
번개 전 공 구

유리로 만든 공 안에
전기를 흘려 빛을 내는 것

안구
안球
눈 안 공 구

눈 안에 공 모양으로 박혀
빛에 대한 정보를 받아들이는 기관

기구
기球
기운 기 공 구

공 모양 주머니에 공기보다 가벼운
기체를 넣어 높이 뜨도록 만든 물건

108

아래 글을 읽고 질문에 답하세요.

정답 26쪽

산타 할아버지께

안녕하세요. 그동안 저는 크리스마스가 겨울에만 있는 줄 알았는
데, 그게 아니라면서요? 남반구에서는 크리스마스가 여름이라
는 사실을 알고 깜짝 놀랐어요. 그러면 남반구에서는 수영복을 입
고 크리스마스를 즐기시나요? 북반구에 사는 저는 정말 신기해
요. 저의 궁금증을 풀어 주세요.   - 미미 올림

나도 한여름의 크리스마스를
즐겨 보는 거야~

• 산타 할아버지께 편지를 보낸 사람은 누구인가요?

  ✎ **북반구** 에 사는 미미

• 미미가 새롭게 알게 된 사실은 무엇인가요?

  ✎ **남반구** 에서는 크리스마스가 여름이다.

109

교과 어휘 확장

2 뜻풀이를 각각 읽고 빈칸을 채워 어휘를 완성하세요.

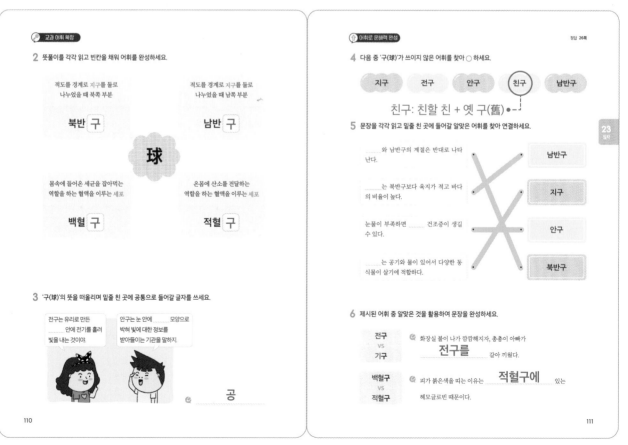

적도를 경계로 지구를 둘로
나누었을 때 북쪽 부분

북반 구

적도를 경계로 지구를 둘로
나누었을 때 남쪽 부분

남반 구

球

몸속에 들어온 세균을 잡아먹는
역할을 하는 혈액을 이루는 세포

백혈 구

온몸에 산소를 전달하는
역할을 하는 혈액 이루는 세포

적혈 구

3 '구(球)'의 뜻을 떠올리며 밑줄 친 곳에 공통으로 들어갈 글자를 쓰세요.

전구는 유리로 만든
____ 안에 전기를 흘려
빛을 내는 것이야.

안구는 눈 안에 ____ 모양으로
박혀 빛에 대한 정보를
받아들이는 기관을 말하지.

✎ **공**

110

어휘로 문해력 완성

정답 26쪽

4 다음 중 '구(球)'가 쓰이지 않은 어휘를 찾아 ○ 하세요.

지구   전구   안구   (친구)   남반구

친구: 친할 친 + 옛 구(舊)

5 문장을 각각 읽고 밑줄 친 곳에 들어갈 알맞은 어휘를 찾아 연결하세요.

____와 남반구의 계절은 반대로 나타
난다.

____는 북반구보다 육지가 적고 바다
의 비율이 높다.

눈물이 부족하면 ____ 건조증이 생길
수 있다.

____는 공기와 물이 있어서 다양한 동
식물이 살기에 적합하다.

남반구

지구

안구

북반구

6 제시된 어휘 중 알맞은 것을 활용하여 문장을 완성하세요.

전구
vs
기구

✎ 화장실 불이 나가 깜깜해지자, 총총이 아빠가

전구를 갈아 끼웠다.

백혈구
vs
적혈구

✎ 피가 붉은색을 띠는 이유는 **적혈구에** 있는

헤모글로빈 때문이다.

111

앞에서 배운 내용을 마음리며 확실하게 내 것으로 만들어요!

어휘랑 총정리

공부한 날 _____ 월 _____ 일

1 빈칸에 공통으로 들어가는 글자를 찾아 연결하세요.

지□
백혈□

□합성
발□

□균
□면도형

공 구(球)
빛 광(光)
평평할 평(平)

2 문장을 각각 읽고 내용에 알맞은 어휘를 골라 ○ 하세요.

🔊 참게의 양 집게다리는 (대응점 / 대응변 / 대응각 / **대칭**)을 이루고 있다.

🔊 심심이는 교과서 (**옆면** / 곡면 / 면적 / 단면)에 자신의 이름을 적어 놓았다.

🔊 개는 사람보다 (미각 / **후각** / 압각 / 통각)이 발달하여 냄새에 예민하다.

🔊 총총이 아빠는 고장 난 드라이기를 (용해 / 용해 / 분해 / **해빙**)하여 살펴보았다.

112

정답 27쪽

3 채팅 속 빈칸에 들어갈 글자를 쓰고, 같은 한자가 들어간 어휘를 찾아 묶으세요.

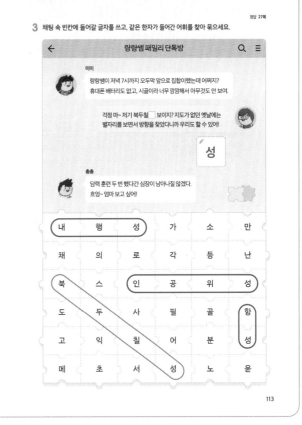

랑랑쌤 패밀리 단톡방

미미
랑랑쌤이 저녁 7시까지 오두막 앞으로 집합이랬는데 어쩌지?
휴대폰 배터리도 없고, 시골이라 너무 깜깜해서 아무것도 안 보여.

걱정 마~ 저기 북두칠[성] 보이지? 지도가 없던 옛날에는
별자리를 보면서 방향을 찾았다니까 우리도 할 수 있어!

성

총총
담력 훈련 두 번 했다간 심장이 남아나질 않겠다.
흐엉~ 엄마 보고 싶어!

내	행	성	가	소	만
채	의	로	각	등	난
북	스	인	공	위	성
도	두	사	필	골	항
고	익	칠	어	분	성
메	초	서	성	노	윤

113

---

4 가로세로 열쇠의 뜻풀이를 읽고 퍼즐을 완성하세요.

❶반				❷선	
❶비(比)	율		❷대(對)	응	
례				칭	
❸❸해(解)	부				❹행
빙		❸북	두	칠	성(星)

가로 열쇠

❶ 두 수나 양을 서로 견주어 분수, 소수로 나타낸 것
❷ 두 대상이 주어진 관계에 의해 서로 짝이 되는 것
❸ 생물의 일부나 전부를 갈라 헤쳐 내부를 조사하는 것
❹ 북쪽 하늘에서 국자 모양을 하고 있는 일곱 개의 별

세로 열쇠

❶ 한쪽이 커질 때 다른 쪽은 같은 비로 작아지는 관계
❷ 직선을 사이에 두고 완전히 겹치는 대칭
❸ 얼음이 녹아서 풀림
❹ 스스로 빛을 내지 못하고 하나의 큰 별 주위를 도는 별

114

정답 27쪽

5 보기 속 어휘를 활용하여 문장을 완성하세요.

보기
남반구 정육면체 금성 정비례 수평

예시 호주는 <u>남반구에</u> 있는 나라로 우리나라와 계절이 반대이다.

✏ 햄버거 개수와 가격은 서로 **정비례** 관계이다.

✏ 미미는 팔을 다리와 **수평이** 되도록 쭉 뻗어 스트레칭을 했다.

✏ 주사위는 각 면에 1부터 6까지의 숫자가 쓰여 있는 **정육면체이다.**

✏ **금성은** 수성과 지구 사이에 위치해 있다.

6 제시된 어휘를 활용하여 문장을 만드세요.

용해 → 설탕물은 설탕을 물에 예시 **용해한 액체이다.**

발광 → 총총이는 숲속에서 반딧불이가 예시 **발광하는 모습을 보았다.**

115

27

고사성어

24 일차

공부한 날 ____ 월 ____ 일

정답 28쪽

한자의 뜻과 음을 확인하고 따라 쓰세요.

뜻 어려울
난 難
음 / 모양

한자 따라 쓰기

難 難
難 難

기본 실용 어휘

1 '난(難)'이 들어간 어휘를 읽어 보고, 뜻풀이에서 한자의 뜻과 연관된 글자에 ○ 하세요.

중구난방
중구難방
무리 중 입 구 어려울 난 막을 방

여러 사람의 입을 막기 **어렵다**는 뜻으로,
여러 명이 마구 떠드는 것을 이름

다사다난
다사다難
많을 다 일 사 많을 다 어려울 난

여러 가지 일도 많고
(어려움)도 많음

118

아래 글을 읽고 질문에 답하세요.

신나는 체육 시간

내가 제일 좋아하는 체육 시간.
두 팀으로 나누어 상대하는 피구가 제일 재밌어.
난공불락의 힘센 팀을 만나면 승부욕이 솟구쳐!
난형난제의 비슷한 실력인데, 이기면 짜릿해!

심심

뜨거운 맛을
보여 주겠어!

• 심심이는 어떤 팀을 만나면 승부욕이 솟구치나요?
난공불락 의 힘센 팀

• 심심이는 실력이 비슷한 팀을 어떻게 표현했나요?
난형난제 의 비슷한 실력

난형난제
難형難제
어려울 난 형 형 어려울 난 아우 제

누구를 형이라 부르기도
아우라 부르기도 **어렵다**는 뜻으로,
둘 사이에 우열을 가리기 (어려움)을 이름

각골난망
각골難망
새길 각 뼈 골 어려울 난 잊을 망

다른 사람에게 입은 은혜가 뼈에
새길 만큼 커서 잊히지 (않음)

119

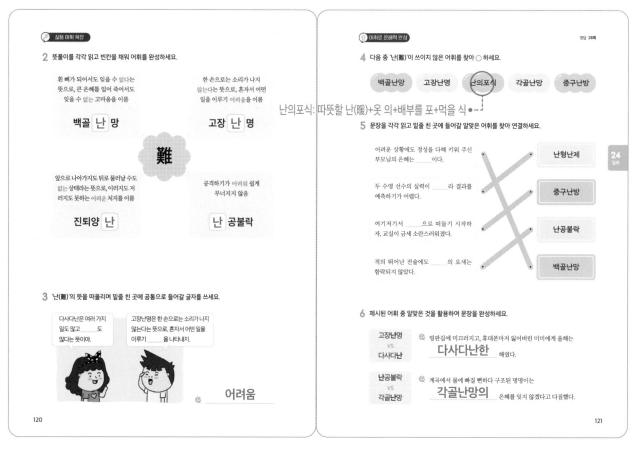

실용 어휘 확장

2 뜻풀이를 각각 읽고 빈칸을 채워 어휘를 완성하세요.

흰 뼈가 되어서도 잊을 수 없다는
뜻으로, 큰 은혜를 입어 죽어서도
잊을 수 없는 고마움을 이름

백골 난 망

한 손으로는 소리가 나지
않는다는 뜻으로, 혼자서 어떤
일을 이루기 어려움을 이름

고장 난 명

難

앞으로 나아가지도 뒤로 물러날 수도
없는 상태라는 뜻으로, 이러지도 저
러지도 못하는 어려운 처지를 이름

진퇴양 난

공격하기 어려워 쉽게
무너지지 않음

난 공불락

3 '난(難)'의 뜻을 떠올리며 밑줄 친 곳에 공통으로 들어갈 글자를 쓰세요.

다사다난은 여러 가지
일도 많고 ____도
많다는 뜻이야.

고장난명은 한 손으로는 소리가 나지
않는다는 뜻으로, 혼자서 어떤 일을
이루기 ____을 나타내지.

어려움

120

어휘로 문해력 완성

정답 28쪽

4 다음 중 '난(難)'이 쓰이지 않은 어휘를 찾아 ○ 하세요.

백골난망 고장난명 (난의포식) 각골난망 중구난방

난의포식: 따뜻할 난(暖)+옷 의+배부를 포+먹을 식

5 문장을 각각 읽고 밑줄 친 곳에 들어갈 알맞은 어휘를 찾아 연결하세요.

어려운 상황에도 정성을 다해 키워 주신
부모님의 은혜는 ____ 이다.

두 수영 선수의 실력이 ____ 라 결과를
예측하기가 어렵다.

여기저기서 ____으로 떠들기 시작하
자, 교실이 금세 소란스러워졌다.

적의 뛰어난 전술에도 ____의 요새는
함락되지 않았다.

난형난제
중구난방
난공불락
백골난망

6 제시된 어휘 중 알맞은 것을 활용하여 문장을 완성하세요.

고장난명
VS
다사다난

빙판길에 미끄러지고, 휴대폰마저 잃어버린 미미에게 오늘은
다사다난한 해였다.

난공불락
VS
각골난망

계곡에서 물에 빠질 뻔한 구조된 명명이는
각골난망의 은혜를 잊지 않겠다고 다짐했다.

121

고사성어

25 일차

한자의 뜻과 음을 확인하고 따라 쓰세요.

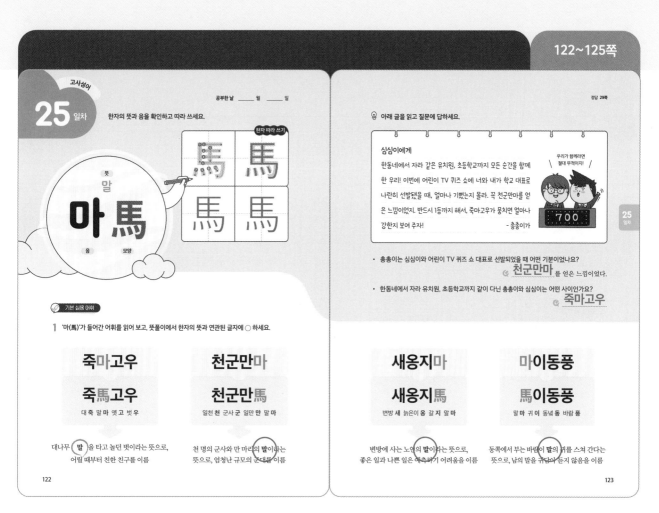

뜻 **말**

마 馬

음 모양

한자 따라 쓰기

馬 馬
馬 馬

기본 실력 어휘

1 '마(馬)'가 들어간 어휘를 읽어 보고, 뜻풀이에서 한자의 뜻과 연관된 글자에 ○ 하세요.

죽마고우
죽馬고우
대 죽 말 마 옛고 벗 우

대나무 **말** 을 타고 놀던 벗이라는 뜻으로,
어릴 때부터 친한 친구를 이름

천군만마
천군만馬
일천 천 군사 군 일만 만 말 마

천 명의 군사와 만 마리의 **말**이라는
뜻으로, 엄청난 규모의 군대를 이름

💡 아래 글을 읽고 질문에 답하세요.

심심이에게
한동네에서 자라 같은 유치원, 초등학교까지 모든 순간을 함께
한 우리! 이번에 어린이 TV 퀴즈 쇼에 너와 내가 학교 대표로
나란히 선발됐을 때, 얼마나 기뻤는지 몰라. 꼭 천군만마를 얻
은 느낌이었어. 반드시 1등까지 해서, 죽마고우가 뭉치면 얼마나
강한지 보여 주자!   - 총총이가

우리가 함께라면
절대 무적이지!
700

• 총총이는 심심이와 어린이 TV 퀴즈 쇼 대표로 선발되었을 때 어떤 기분이었나요?
✍ **천군만마** 를 얻은 느낌이었다.

• 한동네에서 자라 유치원, 초등학교까지 같이 다닌 총총이와 심심이는 어떤 사이인가요?
✍ **죽마고우**

새옹지마
새옹지馬
변방 새 늙은이 옹 갈 지 말 마

변방에 사는 노인의 **말**이라는 뜻으로,
좋은 일과 나쁜 일은 예측하기 어려움을 이름

마이동풍
馬이동풍
말 마 귀 이 동녘 동 바람 풍

동쪽에서 부는 바람이 **말**의 귀를 스쳐 간다는
뜻으로, 남의 말을 귀담아 듣지 않음을 이름

실력 어휘 확장

2 뜻풀이를 각각 읽고 빈칸을 채워 어휘를 완성하세요.

개나 **말** 정도의 하찮은
힘이란 뜻으로, 윗사람을 위한
자신의 노력을 낮추는 말

견 **마** 지로

늙은 **말**의 지혜라는 뜻으로,
하찮은 사람도 나름의 장기나
슬기를 갖고 있음을 이름

노 **마** 지지

馬

사슴을 가리켜 **말**이라 한다는
뜻으로, 거짓된 행동으로
윗사람을 속이는 모습을 이름

지록위 **마**

달리는 **말** 위에서 산과 강을 구경
한다는 뜻으로, 자세히 살피지
않고 대충 보고 지나침을 이름

주 **마** 간산

3 '마(馬)'의 뜻을 떠올리며 밑줄 친 곳에 공통으로 들어갈 글자를 쓰세요.

천군만마는 천 명의 군사와 만
마리의 _____이라는 뜻으로,
엄청난 규모의 군대를 의미해.

지록위마는 사슴을 가리켜 _____이라
한다는 뜻으로, 거짓된 행동으로
윗사람을 속이는 모습을 나타내지.

✍ _____ 말

어휘로 문해력 완성

4 다음 중 '마(馬)'가 쓰이지 않은 어휘를 찾아 ○ 하세요.

호사다마   마이동풍   새옹지마   지록위마   노마지지

┈▶ 호사다마: 좋을 호+일 사+많을 다+마귀 마(魔)

5 문장을 각각 읽고 밑줄 친 곳에 들어갈 알맞은 어휘를 찾아 연결하세요.

우정을 나타내는 고사성어로 지란지교,
관포지교, _____ 등이 있다.
— 죽마고우

'인간사 _____'라고 나쁜 일이 있으면 좋
은 일도 생기는 법이다.
— 주마간산

여행객들은 짧은 시간에 쫓겨 유명 관광
지를 _____으로 지나쳤다.
— 새옹지마

임금을 속이는 신하의 모습을 가리켜
_____라고 표현한다.
— 지록위마

6 제시된 어휘 중 알맞은 것을 활용하여 문장을 완성하세요.

견마지로
vs
마이동풍

왕세자는 그를 아끼는 주변 사람들의 충고도
마이동풍으로 듣고 제멋대로 행동했다.

지록위마
vs
천군만마

학급 반장인 총총이는 친구들이 스스로 할 일을 정하자,
천군만마를 얻은 것처럼 든든했다.

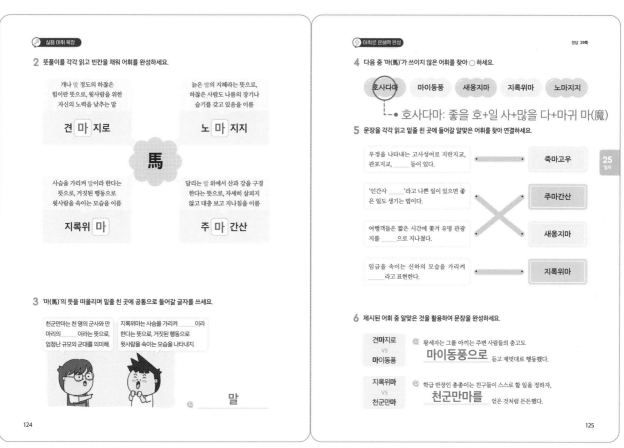

고사성어

26 일차

공부한 날 ___월 ___일

한자의 뜻과 음을 확인하고 따라 쓰세요.

한자 따라 쓰기

뜻 **서로**
상 相
음   모양

기본 실용 어휘

1 '상(相)'이 들어간 어휘를 읽어 보고, 뜻풀이에서 한자의 뜻과 연관된 글자에 ◯ 하세요.

유유상종
유유相종
무리 류 무리 류 서로 상 좇을 종

같은 무리끼리 (서로) 사귐

상부상조
相부相조
서로 상 도울 부 서로 상 도울 조

(서로서로) 도움

💡 아래 글을 읽고 질문에 답하세요.

명명이에게

새 학년을 맞이하여 어떻게 친구를 사귀어야 하나 고민되지?
선생님이 친구 사귀는 법을 알려 줄게. 우선, 친구끼리는 상부상
조해야 해. 도움이 필요할 때 서로 도우며 친해질 수 있지. 또 취
미나 관심사 등 일맥상통하는 부분이 많다면 더 쉽게 친해질
수 있을 거야. 즐거운 학교생활을 응원할게!   - 랑랑쌤

랑랑쌤 덕분에 좋은 친구들을 잔뜩 사귀었어!

• 랑랑쌤은 친구를 사귈 때 어떤 자세가 필요하다고 했나요?
✎ 친구끼리 **상부상조**해야 한다.

• 랑랑쌤은 친구와 어떻게 친해질 수 있다고 말했나요?
✎ 취미나 관심사 등 **일맥상통**하는 부분이 많으면 더 쉽게 친해진다.

일맥상통
일맥相통
하나 일 맥 맥 서로 상 통할 통

생각, 상태, 성질 등이
(서로) 통하거나 비슷해짐

명실상부
명실相부
이름 명 열매 실 서로 상 부신 부

이름과 실제가 (서로) 꼭 맞음

실용 어휘 확장

2 뜻풀이를 각각 읽고 빈칸을 채워 어휘를 완성하세요.

같은 겨레끼리 서로 싸우고 죽임
동족 상 잔

이익과 손해가 걸려 있는
관계가 서로 어긋남
이해 상 반

相

눈을 비비고 상대편을 본다는
뜻으로, 학식이나 재주가 놀랄
만큼 부쩍 늘어남을 이름
괄목 상 대

서로 가르치고 배우면서 성장함
교학 상 장

3 '상(相)'의 뜻을 떠올리며 밑줄 친 곳에 공통으로 들어갈 글자를 쓰세요.

일맥상통은 생각, 상태,
성질 등이 ___통하거나
비슷해진다는 뜻이야.

동족상잔은 같은 겨레끼리
___싸우고 죽이는
것을 말하지.

✎ 서로

어휘로 문해력 완성

정답 30쪽

4 다음 중 '상(相)'이 쓰이지 않은 어휘를 찾아 ◯ 하세요.

일맥상통   명실상부   동족상잔   세상만사   괄목상대

세상만사: 세대 세+위 상(上)+일만 만+일 사

5 문장을 각각 읽고 밑줄 친 곳에 들어갈 알맞은 어휘를 찾아 연결하세요.

우리 민족은 예로부터 두레, 품앗이, 계
등 _____하는 전통이 있다.
— 동족상잔

랑랑쌤은 학생들을 가르치면서 제자들의
열정에 _____의 즐거움을 느꼈다.
— 교학상장

총총이와 심심이는 둘 다 축구와 게임을
좋아하며 _____한 면이 많다.
— 일맥상통

우리 역사에서 6·25 전쟁은 _____의 비
극으로 기록되었다.
— 상부상조

6 제시된 어휘 중 알맞은 것을 활용하여 문장을 완성하세요.

명실상부
vs
이해상반

✎ 한국 펜싱은 세계 대회에서 메달을 휩쓸며
명실상부한 스포츠 강국으로 자리매김했다.

괄목상대
vs
유유상종

✎ K-팝의 영향으로 지구촌 곳곳에서 한국어를 배우는 학생이 늘어나며
괄목상대한 변화를 보여 주었다.

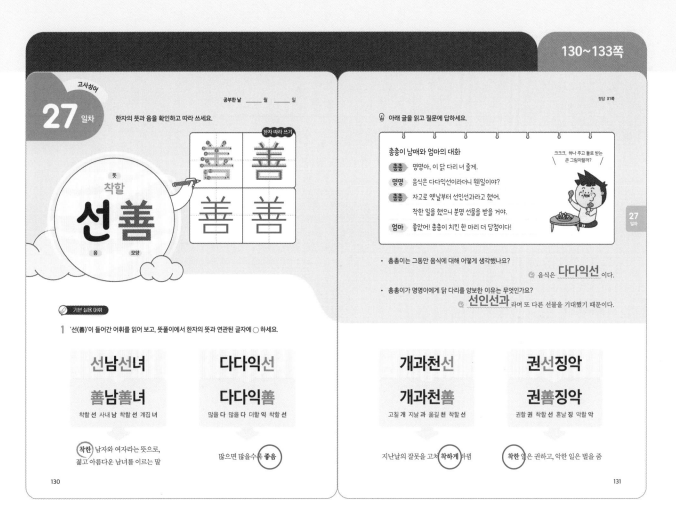

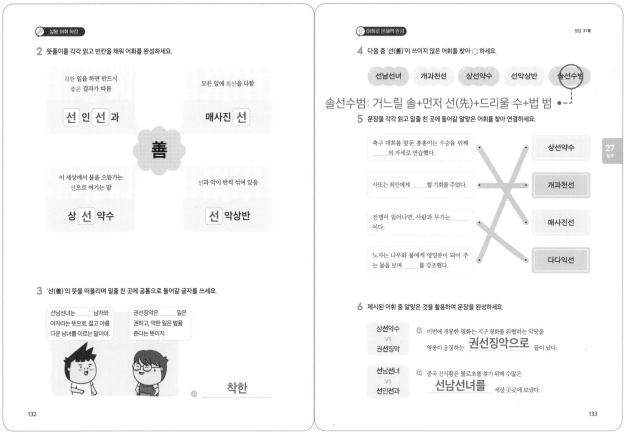

고사성어

28 일차

한자의 뜻과 음을 확인하고 따라 쓰세요.

공부한날 _____ 월 _____ 일

뜻
없을

무 無

음   모양

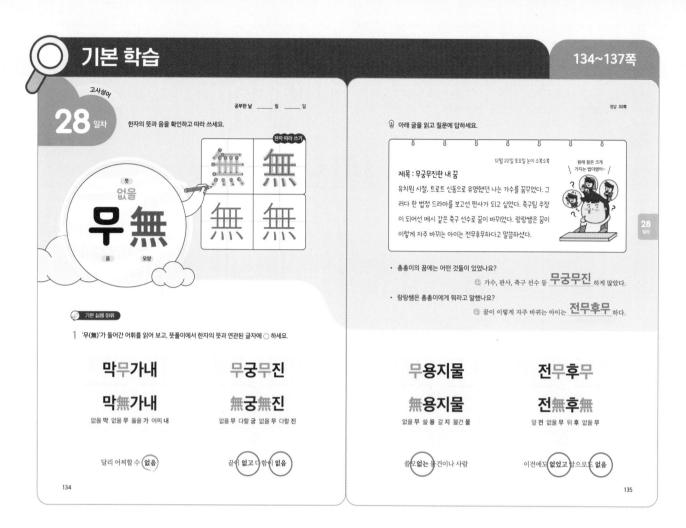

한자 따라 쓰기

📝 기본 실력 어휘

1 '무(無)'가 들어간 어휘를 읽어 보고, 뜻풀이에서 한자의 뜻과 연관된 글자에 ○ 하세요.

막무가내
막無가내
없을 막 없을 무 옳을 가 어찌 내

달리 어찌할 수 (없음)

무궁무진
無궁無진
없을 무 다할 궁 없을 무 다할 진

끝이 없고 다함이 (없음)

134

정답 32쪽

💡 아래 글을 읽고 질문에 답하세요.

12월 22일 토요일 눈이 소복소복

제목 : 무궁무진한 내 꿈
유치원 시절, 트로트 신동으로 유명했던 나는 가수를 꿈꾸었다. 그러다 한 법정 드라마를 보고선 판사가 되고 싶었다. 축구팀 주장이 되어선 메시 같은 축구 선수로 꿈이 바뀌었다. 랑랑쌤은 꿈이 이렇게 자주 바뀌는 아이는 전무후무하다고 말씀하셨다.

원래 꿈은 크게 가지는 법이랬어~

• 총총이의 꿈에는 어떤 것들이 있었나요?
✍ 가수, 판사, 축구 선수 등 **무궁무진** 하게 많았다.

• 랑랑쌤은 총총이에게 뭐라고 말했나요?
✍ 꿈이 이렇게 자주 바뀌는 아이는 **전무후무** 하다.

무용지물
無용지물
없을 무 쓸 용 갈 지 물건 물

쓸모(없는) 물건이나 사람

전무후무
전無후無
앞 전 없을 무 뒤 후 없을 무

이전에도 (없었고) 앞으로도 (없음)

135

📝 실용 어휘 확장

2 뜻풀이를 각각 읽고 빈칸을 채워 어휘를 완성하세요.

병 없이 건강하게 오래 삶

무 병장수

아무 생각을 하지 않는 상태

무 념 **무** 상

無

홀로 떨어져 도움을 받을 곳이 없는 외로운 상태

고립 **무** 원

미리 준비하면 나중에 걱정이 없음

유비 **무** 환

3 '무(無)'의 뜻을 떠올리며 밑줄 친 곳에 공통으로 들어갈 글자를 쓰세요.

무용지물은 쓸모 _____ 물건이나 사람을 뜻해.

고립무원은 홀로 떨어져 도움을 받을 곳이 _____ 외로운 상태를 나타내지.

✍ **없는**

136

📝 어휘로 문해력 완성

정답 32쪽

4 다음 중 '무(無)'가 쓰이지 않은 어휘를 찾아 ○ 하세요.

무념무상   무릉도원   무용지물   전무후무   고립무원

└┄► 무릉도원: 굳셀 무(武)+큰 언덕 릉+복숭아나무 도+근원 원

5 문장을 각각 읽고 밑줄 친 곳에 들어갈 알맞은 어휘를 찾아 연결하세요.

유치원 시절, 명명이는 장난감을 사 달라며 _____로 떼를 썼다.
• — • 막무가내

여름 방학을 맞아 열심히 세웠던 여행 계획은 장마 때문에 _____이 되었다.
• — • 무용지물

백일잔치는 아기의 _____를 기원해 주는 풍습이다.
• — • 무병장수

가부좌를 틀고 정신을 집중한 랑랑쌤은 _____에 이르렀다.
• — • 무념무상

6 제시된 어휘 중 알맞은 것을 활용하여 문장을 완성하세요.

전무후무
vs
막무가내

✍ 한국 여자 양궁 대표팀은 올림픽 9연패라는 **전무후무한** 기록을 세웠다.

고립무원
vs
유비무환

✍ <흥부전> 속 놀부는 평소 나쁜 행실로 인해 기댈 곳 없는 **고립무원의** 신세가 되었다.

137

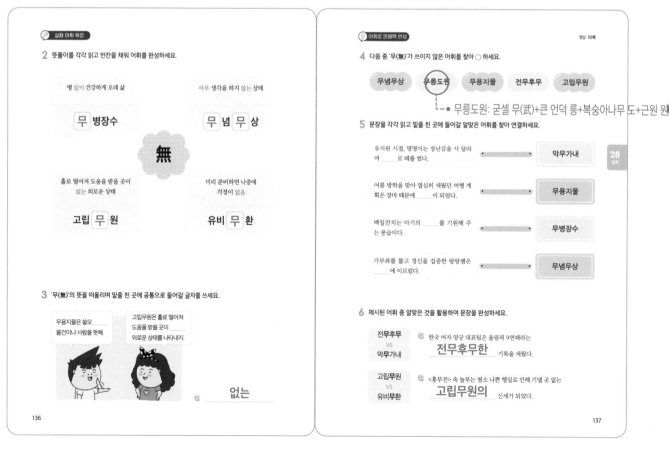

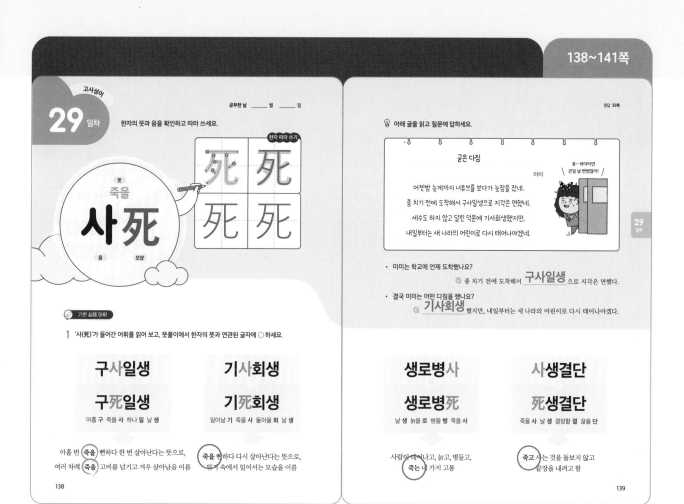

기본 실력 어휘

1 '사(死)'가 들어간 어휘를 읽어 보고, 뜻풀이에서 한자의 뜻과 연관된 글자에 ○하세요.

구사일생
구死일생
아홉 구 죽을 사 하나 일 날 생

기사회생
기死회생
일어날 기 죽을 사 돌아올 회 날 생

아홉 번 (죽을) 뻔하다 한 번 살아난다는 뜻으로,
여러 차례 (죽을) 고비를 넘기고 겨우 살아남을 이름

(죽을) 뻔하다 다시 살아난다는 뜻으로,
위기 속에서 일어서는 모습을 이름

생로병사
생로병死
날 생 늙을 로 병들 병 죽을 사

사생결단
死생결단
죽을 사 날 생 결정할 결 끊을 단

사람이 태어나고, 늙고, 병들고,
(죽는) 네 가지 고통

(죽고) 사는 것을 돌보지 않고
결말을 내려고 함

어휘 힘 확장

2 뜻풀이를 각각 읽고 빈칸을 채워 어휘를 완성하세요.

즉기로 싸우면 반드시 살게 됨

필 사 즉생

토끼가 죽으면 토끼 잡는 개도 잡아먹는다는 뜻으로, 필요할 때 쓰고 쓸모가 없을 때는 버림을 이름

토 사 구팽

死

죽은 말 뼈를 산다는 뜻으로,
귀중한 것을 손에 넣으려면
공을 들여야 함을 이름

매 사 마골

죽은 뒤에야 약을 짓는다는
뜻으로, 이미 때가 늦었음을 이름

사 후약방문

3 '사(死)'의 뜻을 떠올리며 밑줄 친 곳에 공통으로 들어갈 글자를 쓰세요.

구사일생은 아홉 번 ___ 뻔하다 한 번
살아난다는 뜻으로, 여러 차례
고비를 넘기고 겨우 살아난다는 뜻이야.

기사회생은 ___ 뻔하다 다시
살아난다는 뜻으로, 위기 속에서
일어서는 모습을 나타내지.

죽을

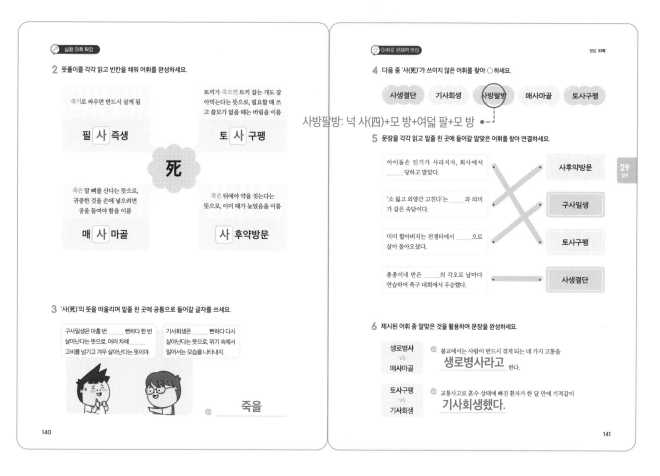

어휘로 문해력 완성

4 다음 중 '사(死)'가 쓰이지 않은 어휘를 찾아 ○하세요.

사생결단   기사회생   사방팔방   매사마골   토사구팽

사방팔방: 넉 사(四)+모 방+여덟 팔+모 방

5 문장을 각각 읽고 밑줄 친 곳에 들어갈 알맞은 어휘를 찾아 연결하세요.

아이돌은 인기가 사라지자, 회사에서
___당하고 말았다.   •   • 사후약방문

'소 잃고 외양간 고친다'는 ___과 의미
가 같은 속담이다.   •   • 구사일생

미미 할아버지는 전쟁터에서 ___으로
살아 돌아오셨다.   •   • 토사구팽

총총이네 반은 ___의 각오로 날마다
연습하여 축구 대회에 우승했다.   •   • 사생결단

6 제시된 어휘 중 알맞은 것을 활용하여 문장을 완성하세요.

생로병사
vs
매사마골
불교에서는 사람이 반드시 겪게 되는 네 가지 고통을
생로병사라고 한다.

토사구팽
vs
기사회생
교통사고로 혼수 상태에 빠진 환자가 한 달 만에 기적같이
기사회생했다.

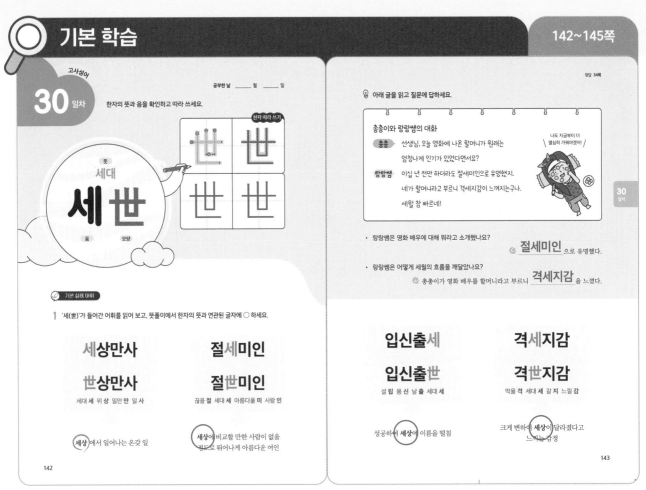

고사성어

30 일차

한자의 뜻과 음을 확인하고 따라 쓰세요.

한자 따라 쓰기

공부한 날 ____ 월 ____ 일

뜻
세대

세 世

음   모양

世 世
世 世

기본 실력 어휘

1 '세(世)'가 들어간 어휘를 읽어 보고, 뜻풀이에서 한자의 뜻과 연관된 글자에 ○하세요.

세상만사
世상만사

세대 세 위 상 일만 만 일 사

세상에서 일어나는 온갖 일

절세미인
절世미인

끊을 절 세대 세 아름다울 미 사람 인

세상에 비교할 만한 사람이 없을 정도로 뛰어나게 아름다운 여인

142

정답 34쪽

아래 글을 읽고 질문에 답하세요.

총총이와 랑랑쌤의 대화

총총 선생님, 오늘 영화에 나온 할머니가 원래는 엄청나게 인기가 있었다면서요?

랑랑쌤 이십 년 전만 하더라도 절세미인으로 유명했지. 네가 할머니라고 부르니 격세지감이 느껴지는구나. 세럼 참 바르네!

나도 지금부터 더 열심히 가꿔야겠어!

• 랑랑쌤은 영화 배우에 대해 뭐라고 소개했나요?
✎ **절세미인**으로 유명했다.

• 랑랑쌤은 어떻게 세월의 흐름을 깨달았나요?
✎ 총총이가 영화 배우를 할머니라고 부르니 **격세지감**을 느꼈다.

입신출세
입신출世

설 립 몸 신 날 출 세대 세

성공하여 세상에 이름을 떨침

격세지감
격世지감

막을 격 세대 세 갈 지 느낄 감

크게 변하여 세상이 달라졌다고 느끼는 감정

143

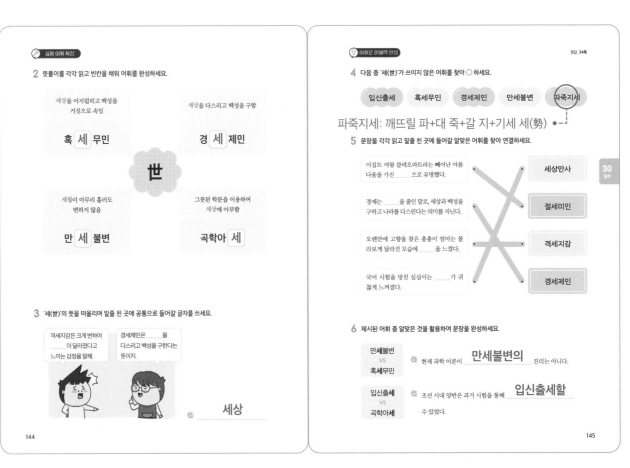

실용 어휘 확장

2 뜻풀이를 각각 읽고 빈칸을 채워 어휘를 완성하세요.

세상을 어지럽히고 백성을 거짓으로 속임

혹 세 무민

세월이 아무리 흘러도 변하지 않음

만 세 불변

세상을 다스리고 백성을 구함

경 세 제민

그릇된 학문을 이용하여 세상에 아부함

곡학아 세

世

3 '세(世)'의 뜻을 떠올리며 밑줄 친 곳에 공통으로 들어갈 글자를 쓰세요.

격세지감은 크게 변하여 ____이 달라졌다고 느끼는 감정을 말해.

경세제민은 ____을 다스리고 백성을 구한다는 뜻이지.

✎ **세상**

144

정답 34쪽

어휘로 문해력 완성

4 다음 중 '세(世)'가 쓰이지 않은 어휘를 찾아 ○하세요.

입신출세   혹세무민   경세제민   만세불변   **파죽지세**

파죽지세: 깨뜨릴 파+대 죽+갈 지+기세 세(勢)

5 문장을 각각 읽고 밑줄 친 곳에 들어갈 알맞은 어휘를 찾아 연결하세요.

이집트 여왕 클레오파트라는 빼어난 아름다움을 가진 ____으로 유명했다.

경제는 ____을 줄인 말로, 세상과 백성을 구하고 나라를 다스린다는 의미를 지닌다.

오랜만에 고향을 찾은 총총이 엄마는 몰라보게 달라진 모습에 ____을 느꼈다.

국어 시험을 망친 심심이는 ____가 귀찮게 느껴졌다.

세상만사
절세미인
격세지감
경세제민

6 제시된 어휘 중 알맞은 것을 활용하여 문장을 완성하세요.

만세불변
VS
혹세무민

✎ 현재 과학 이론이 **만세불변의** 진리는 아니다.

입신출세
VS
곡학아세

✎ 조선 시대 양반은 과거 시험을 통해 **입신출세할** 수 있었다.

145

34

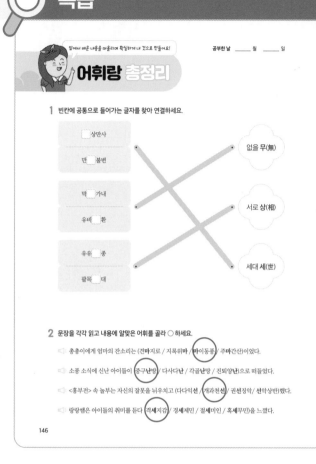

어휘랑 총정리

앞에서 배운 내용을 떠올리며 확실하게 내 것으로 만들어요!

공부한 날 _____ 월 _____ 일

1 빈칸에 공통으로 들어가는 글자를 찾아 연결하세요.

| ☐상만사 |
| 만☐불변 |

| 막☐가내 |
| 유비☐환 |

| 유유☐종 |
| 괄목☐대 |

- 없을 무(無)
- 서로 상(相)
- 세대 세(世)

2 문장을 각각 읽고 내용에 알맞은 어휘를 골라 ○ 하세요.

- 총총이에게 엄마의 잔소리는 (전마지로 / 지록위마 / **마이동풍** / 주마간산)이었다.
- 소풍 소식에 신난 아이들이 (**중구난방** / 다사다난 / 각골난망 / 진퇴양난)으로 떠들었다.
- 〈흥부전〉 속 놀부는 자신의 잘못을 뉘우치고 (다다익선 / **개과천선** / 권선징악 / 선악상반)했다.
- 랑랑쌤은 아이들의 취미를 듣다 (**격세지감** / 경세제민 / 절세미인 / 혹세무민)을 느꼈다.

146

정답 35쪽

3 채팅 속 빈칸에 들어갈 글자를 쓰고, 같은 한자가 들어간 어휘를 찾아 묶으세요.

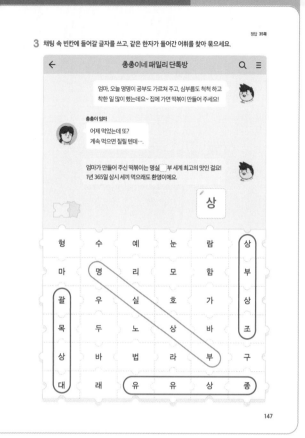

총총이네 패밀리 단톡방

엄마, 오늘 명명이 공부도 가르쳐 주고, 심부름도 척척 하고 착한 일 많이 했는데요~ 집에 가면 떡볶이 만들어 주세요!

총총이 엄마
어제 먹었는데 또?
계속 먹으면 질릴 텐데…

엄마가 만들어 주신 떡볶이는 명실☐부 세계 최고의 맛인 걸요!
1년 365일 삼시 세끼 먹으래도 환영이에요.

상

형	수	예	눈	람	상
마	명	리	모	함	부
괄	우	실	호	가	상
목	두	노	상	바	조
상	바	법	라	부	구
대	래	유	유	상	종

147

4 가로세로 열쇠의 뜻풀이를 읽고 퍼즐을 완성하세요.

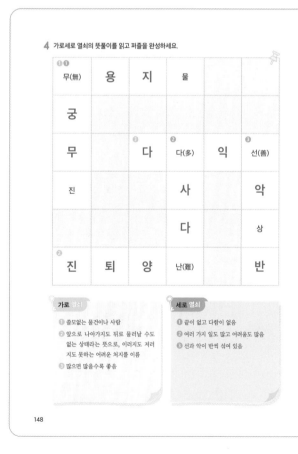

❶❶무(無)	용	지	물		
궁					
무		❸다	❷다(多)	익	❸선(善)
진			사		악
			다		상
❷진	퇴	양	난(難)		반

가로 열쇠
❶ 쓸모없는 물건이나 사람
❷ 앞으로 나아가지도 뒤로 물러날 수도 없는 상태라는 뜻으로, 이러지도 저러지도 못하는 어려운 처지를 이름
❸ 많으면 많을수록 좋음

세로 열쇠
❶ 끝이 없고 다함이 없음
❷ 여러 가지 일도 많고 어려움도 많음
❸ 선과 악이 반씩 섞여 있음

148

정답 35쪽

5 보기 속 어휘를 활용하여 문장을 완성하세요.

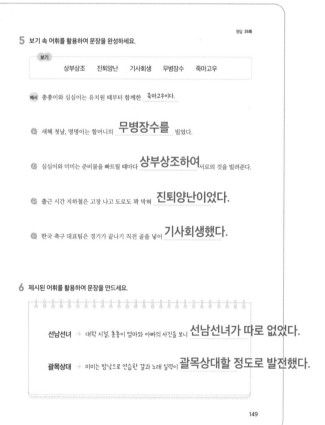

보기
상부상조   진퇴양난   기사회생   무병장수   죽마고우

예시 총총이와 심심이는 유치원 때부터 함께한 **죽마고우**이다.

- 새해 첫날, 명명이는 할머니의 **무병장수를** 빌었다.
- 심심이와 미미는 준비물을 빠트릴 때마다 **상부상조하여** 서로의 것을 빌려준다.
- 출근 시간 지하철은 고장 나고 도로도 꽉 막혀 **진퇴양난**이었다.
- 한국 축구 대표팀은 경기가 끝나기 직전 골을 넣어 **기사회생**했다.

6 제시된 어휘를 활용하여 문장을 만드세요.

선남선녀 → 대학 시절, 총총이 엄마와 아빠의 사진을 보니 **선남선녀가 따로 없었다.**

괄목상대 → 미미는 밤낮으로 연습한 결과 노래 실력이 **괄목상대할 정도로 발전했다.**

149

35

함께 공부해요!

메가스터디 초등학습 시리즈

이서윤쌤의
초등 한자 어휘
끝내기
3단계 | 정답

메가스터디BOOKS

내용 문의 02-6984-6932,3 | 구입 문의 02-6984-6868,9 | www.megastudybooks.com

잘 키운 문해력, 초등 전 과목 책임진다!

메가스터디
초등 문해력 시리즈

학습 대상 : 초등 2~6학년

초등 문해력
어휘 활용의 힘

> 초등 문해력
한 문장 정리의 힘

> 초등 문해력
한 문장 정리의 힘

| 어휘편 1~4권 | 기본편 1~4권 | 실전편 1~4권 |

메가스터디BOOKS